Journal of Contemporary Chinese Discourse Studies

当代中国话语研究

第 3 辑

施 旭 主编

ZHEJIANG UNIVERSITY PRESS
浙江大学出版社

主　编

施　旭　　　　　　　浙江大学

编委会成员

曹顺庆	四川大学
陈国明	University of Rhode Island
陈汝东	北京大学
顾曰国	中国社会科学院
黄　煜	香港浸会大学
李　岩（女）	浙江大学
李战子（女）	南京国际关系学院
刘亚猛	福州师范大学
曲卫国	复旦大学
邵培仁	浙江大学
王　宁	清华大学
文贵良	华东师范大学
汪　琪（女）	台湾政治大学
吴东英（女）	香港理工大学
池昌海	浙江大学
徐　岱	浙江大学
尹韵公	中国社会科学院

当代中国话语研究的"忧患"问题意识框架

施 旭

现代学术中的"为学术而学术"原则,并非人类科学的普世价值,而是特定历史文化环境下的产物:它源于西方传统,并为当今高度发达的西方社会所接受或认同。而中华文化的学术传统却不同,它从一开始就是以忧国忧民和学以致用为原则的。特别是从当前我国的学术状况,尤其是从当今中华民族所处的社会、经济和国际地位来看,我们认为,学术研究不应该削弱这些价值观;相反,更应强化之。由此,我们提出一系列当代中国话语研究亟待探索的问题和现象,作为我们新研究范式的问题框架。

(1)发展话语 由于"发展"是中国乃至整个发展中国家和地区("第三世界")的本质特征,也是中国社会最关心的问题,因此我们理应首先大力研究涉及发展问题的话语;何况,我们又是发展中世界领袖国的学者,更有责任在发展问题的研究上起引领作用。"发展"包括许多方面,如:社会、经济、文化、教育、就业、医疗等等;当然,其中还有诸多矛盾现象,如:贫富不均、城乡差异、地区差异等等。而下面提出的研究问题,有许多从某种程度上来说也都与"发展"有关。

(2)弱势群体话语 在我国社会生活的许多方面,如收入、年龄、性别、职业、健康,还存在着突出的弱势群体。话语研究可以探索他们的心声,揭露话语中的无知或歧视,提出更公正的话语方式。

(3)行业话语 当代中国话语研究也应该关注社会各领域中"常规"性或日常性的问题:如政治话语如何深入人心并与人民形成更加积极的互动关系;商业和贸易话语如何更有效地促进经济发展;管理和机构话语如何提高效率并服务社会;媒体话语如何做好宣传工作并促进社会和谐;法律话语如何维护权利并保护公正,等等。

（4）生态话语　我们的生态环境在不断恶化，在此问题上国家间的经济、政治、外交斗争也在加剧。我们应该努力揭露破坏环境的话语，引导保护自然新话语的生长；我们也应该向世界展示生态话语在当代中国的兴起和发展，帮助中国更有效地与国际社会交流对话。

（5）民族话语　中华民族自诞生之日起就处于一种多元统一的格局中，但这一历史事实并不为世界所全面了解。而且，在西方资本主义全球化不断加剧加深和各族人民交往日益增多的今天，中华民族文化应该如何继承、再创造及传播，已成为亟待解决的问题。再者，各民族之间如何消解偏见或隔阂，增进了解和团结，将是持久性的问题。

（6）主权话语　由于历史的原因、国内外反华势力的作用以及一些人的无知或误解，我国在台湾、西藏、新疆等主权问题上不断受到外来的干涉和挑战。这类问题关系到中国的根本核心利益，又有极为复杂的关系，因此值得我们花大力气去探索研究。

（7）危机话语　当今社会充满了风险，有越来越多的危机事件出现，像近年来突如其来的非典、汶川大地震、经济危机、甲型 H1N1 流感、民族分裂活动等。我们的话语学者可以探究人们的危机意识和对危机的态度、对于危机事件的理解和传播、化解危机事件后果的策略，等等。

（8）跨文化话语　尽管全球化的进程促进了国际交流的发展，但是中西之间还存在巨大的差异和隔阂；偏见、歧视、不公正、强权政治仍然是当今中西文化关系的本质特征。这种文化关系阻碍了中国、发展中国家乃至整个世界的和谐共存与繁荣。所以，中国和东方文化在世界的形象和话语权，东西方之间的对话与合作，文化偏见与霸权等等——不论在日常生活中还是在学术领域里——都应该成为当代中国话语研究的重点问题。

我们应该认识到，宇宙、人类、社会是在不断变化的；所以，我们话语研究的问题意识框架不能封闭或停滞，而必须具有高度的历史敏感性和开拓性，以使我们的研究能更针对现实、驾驭现实、改变现实。

目　录

书 评

中国经济新闻的"发展"与"投资"迷思
——以房产新闻为例

◎ 胡春阳　王　昀

复旦大学

摘　要　新闻叙事话语本身存在着极大的"合理想象"空间,这种经过"合理想象"而形成、强化的迷思往往被人们当作常识接受。经济新闻以系统化、学科化的"客观"描述把资本的权力化装成科学规律的自然结果。房产新闻顺应了这种逻辑,暗含着发展与投资的迷思。对迷思进行分析、反思与还原虽然看来是不识时宜的但却又是十分必要的。

关键词　话语;迷思;经济新闻;房产新闻

一、导言：问题与方法

我国地少人多,土地资源国有,这决定了房、地在我国具有准公共产品的性质。90 年代以来,随着住房的福利供应制度逐步走向商品化和市场化,并一跃而成为当下中国经济的支柱产业和国民经济各项指标的贡献大户,房、地的准公共性丧失。

而随着住房等房产被过度市场化,以及对中国经济"潜龙在渊,一跃九天"的狂热畅想,包括房地产新闻在内的经济新闻也陷入了发展和投资的迷思。这既反映在新闻内容中,也反映在媒体业务与房产商的合谋行为中。

这种现象引起了人们的关注并有少量研究出现。比如,对不同媒体组织房地产议题的框架特点进行分析[①],对媒体组织看房团、介入房地产营销等具体业务操作流程进行揭示[②],从而提示人们应该如何坚持和培养媒体从业者专业主义精神、如何辨别报纸软新闻等等。在尚付阙如的情况下,这些研究弥足珍贵,但其缺陷是:"很难找到大量的新闻文本段落……作为社会分析,依然停留在非常肤浅的宏观层面;作为新闻分析,它们又带有印象主义色彩。它们更多的是在叙述新闻事件而不是分析新闻"(托伊恩・A・梵・迪克,

---

①　比如,崔佳、董天策:《报纸媒体房地产报道的框架分析》,暨南大学硕士学位论文,2008.5。

②　比如,郝洪:《当报纸沦为房产中介》,《传媒观察》,2008.5。

2003)。也就是说,这些分析尚未涉及结合传播政治经济学对具体新闻文本做话语分析,也没有考虑到经济新闻的特殊性,以及房地产行业本身的特质。

而分析之欠缺和不透彻似乎是源于方法论的僵硬。新闻学的奠基石采用了符合论的真理观——新闻是什么?是对新近发生的事实的报道。于是,记者和新闻媒介自赋的使命就是对那个外在的"事实"进行发现和报道,于是新闻分析就成为探讨观念和"事实"是否符合以及如何符合的问题。但一旦细究这个看来一目了然的新闻传播过程,就会发现它有极大的含混性——它可以告诉人们什么被传播了,却无法告诉人们为什么这些被传播的语句的这些含义被传播了,而那些含义被忽视和遗忘了;它可以尽量用词客观、准确并诚心正意地告诫人们要努力杜绝偏见,但对于深潜于流行的传播逻辑和范式中的偏见却无能为力;它可以一眼洞穿经济、政治等权力对传播机构的控制,但却在发现隐藏于一切传播者主体及其话语中的权力方面力不从心(胡春阳,2007)。

因此,要更深入地进行新闻分析,必须转换研究方法,而"话语分析"就是可供选择的有力分析工具之一。

话语分析的关键概念和过程就是"迷思"和"反迷思"。费斯克认为迷思(myth)是某个阶级在特定语境中的产物,其运作的主要方式就是掩盖其历史性,模糊这种含义的起源,将历史自然化、神秘化,把迷思所呈现的意义当作自然而然的而非历史化、社会化形成的产物(约翰·费斯克,2003)。而海登·怀特也有类似表述——"转义(troping)行为就是从关于事物如何相互关联的一种观念向另一种观念的运动,从而使事物得以用一种语言表达,同时又考虑到其他语言表达的可能性……转义行为是话语的灵魂。因此,没有转义的机制,话语就不能履行其作用,就不能达到目的"(海登·怀特,2003)。因此,话语分析者就是揭露被隐藏的历史及其在政治社会中的作用,这就是"反迷思"。迷思由此得以反转。

通过各种互文编织出来的"资本"与"发展"的话语已然成为我们这个时代的常识,媒体参与、强化并重构了这种常识。本文将直接面对房地产新闻报道的文本本身,采用话语分析的方法试图对其中的话语迷思及其运作做一番微观透视。

二、作为话语的经济新闻

(一)新闻叙事的结构特征及其所对应的话语功能

新闻主题表述的结构特点是将最重要的信息放在最先的位置——新闻标题阐述事件最为显著和突出的要义,接下来的导语充实主要事件,正文补充细节或背景,整体呈"倒金字塔"式。这种结构不仅适用于整篇新闻,而且也适用于新闻中的每一个主题段落。因此,按照事件重要程度安排信息位置的新闻,直接呈现给读者的便是一个先入为主的事件图景。读者在阅读、理解新闻的标题、导语的过程中,便在积累对此新闻事件的"前理解",而在"面对事实本身"的复杂性时往往予以选择性遗忘和自我服务归因。

再有,新闻主题不断通过直接与间接引用而呈现,亦即文本的互文性,"文本回应、重新强调和重新加工过去的文本,并通过这样的工作致力于创造历史,致力于更加广泛的变化过程,也致力于预测和试图构成以后的文本"(Fairclough,1995)。互文性既存在于同一个话语空间中——不同话语类型的转换,比如,广告向新闻的转换,这种转化过程往往体现着隐性的权力关系;互文也具有历史性,即历史地吸收过去建立的文本。"这些陈述在参与者看来是理所当然的东西,它们支持着话语的连贯性"(Fairclough,2003),"帮助人们参照熟悉的活动与熟悉的风格和形式对新的话语做出理解"(Fairclough,1995)。

这种认知上的处理和加工过程必然与事实存在种种微妙而关键的差异——哪些文本(话语)之间可以形成互文链,哪些不可以形成互文链,形成什么样的互文链等问题都是争斗的场所和后果,由语境所决定。

为中国人所熟知的典故"庖丁解牛"完美地注释了新闻话语的认知特点。让·波德里亚在《庄子的屠夫》一文中指出,正如庖丁的刀子必须超越饱满的、实在的、可以被任意切割并被外在表象所统一的肉身形象,去认识那些构成身体的空无的连接和空无的结构,不切割这头牛占据的被感官证实的空间,而是依照节奏和间隙的内在逻辑组织行动,才可能依照身体自身的韵律解构身体。同样,话语也需要从看似空无的形式之中才能获得构成自身的空无之处的意义。基于此,阅读者从清楚明晰却固有极强方向感的新闻标题、导语中,从其字里行间留有的令人浮想联翩的空间中,无意识地接受着某种形式的安排,将对文本的理解纳入一种被事先安置完备的话语体系中。

这,就是新闻的话语功能,亦即,在无数似有实据的话语中,在新闻凸显而多孔的文本中制造着各种不为人察的迷思,而这些迷思潜移默化地成为人们认知的某种前提性条件,"新闻报导的多层级的结构特征决定了读者只能得出如此的新闻解释框架"(Barker and Gakasinski,2001)。

(二)经济新闻话语的迷思

经济新闻可分为四种类型,即市场新闻(特指普通消费市场)、产经新闻(以产业经济和区域经济为主要内容)、财经新闻(以投资者为核心受众)和政经新闻(往往涉及一个国家和地区的经济安全和政经大局,通常亦可以将其视为一个政治问题)。

虽说经济新闻的报道角度取向不一,但常见的是四种类型之间的相互交叉和渗透。如一篇涉及房产的新闻,无论记者从何种角度入手进行报道,其中都会既牵涉到购房者(包括有刚性居住需求的买房人、房产中介和开发商)、房产市场、社会稳定因素。而且,其关键着眼点就是有关价格等数据的信息———一般都须对某种商品、投资品、公共设施等的价值进行分析、解释和预测。从话语的角度而言,四种类型彼此的互文性使新的文本类型及话语秩序得以衍生。

经济新闻话语最显著的迷思在于:它将特定历史之中的经济事件构造成为一种符合经济学知识和经济规律的事件,或某种符合公众长远利益的事件,巧妙地隐藏和掩盖特殊权力与利益的需要,模糊了事件的起源。有故意为之者,也不乏在不知内情的情况下机械地进行着被惯常的话语操纵报道的经济新闻工作者[①]。

美国经济学者詹姆斯·布坎南指出,政治经济实际上是一种利益的冲突与协商的过程,但人们却习惯性地将其视为如天文、生物等一般的含有明显规律的科学,为其缀以"学"字(布坎南,1989)。在福柯那里,任何组成"科学"的"话语构成"的过程取决于三要素——学科、谈论和作者,三者组合构成了一种机器,创造出关于"科学"的"真理",这个真理分别在该领域和更普遍的基于整个文化的意义上排斥和谴责一切不符合"话语构成"的事物。不难看到的是:在当下房地产市场中广大消费者的意愿和要求在舆论上虽占据上风,但更具有排斥性的"真理"却是由政策制定者、经济学者们、新闻学者们以及媒体共同谈论而成的资本控制的话语。

2009年春节晚会后骤红的艺人刘谦的魔术表演,正是对一整套经济新闻"话语构成"的精彩隐喻——一套奇妙的魔术之奥秘不过隐藏在道具的移动与手法的变换之中,这套把戏明明是被公开展示,观众们却并未见到偷天换日的任何蛛丝马迹,还因自己的"被骗"而兴奋异常——观众并不是因洞悉魔术的秘密而欢欣,相反,因整个魔术表演过程的神秘氛围,或许也包括魔术师的迷离、鬼蜮的眼神,观众如痴如醉不能自已。经济新闻话语也如同魔术表演一般,被一种学科化了的五花八门的语言道具所包装,人们被引至异彩纷呈却无关大局的外在热闹表象,绝然见不到那些早已存在却难得一见之事理,见不到是谁在操纵局面,是谁获得相应的利益,只能见到一幕幕高超的表演,并为之叹服叫绝。

事实上,这种以追求发展与市场自由为名的经济学话语也在很大程度上掩盖着经济学科的历史性本质。

(三)经济新闻本体的悖论

经济学被称作社会科学中的数学,但它实际上并非如它所宣称的那样精确。比如,一项货币政策或财政政策要花多长时间才能生效?事实上,受诸多影响生效的难以计量的变量的影响,政策生效往往是延时的、模糊的和不确定的,甚至是难以预料的(保罗·海

---

① 作者王昀于2008年10月至12月在《上海证券报》实习时,常听记者们也谈论着:"这些消失的财富到底去了哪里?"新闻标题中"缩水"、"蒸发"等习惯性缺省主语的用法早已拨乱了人们的经验。

恩,彼德·勃特克,大卫·普雷契特科,2008)。比如,预测可能导致情况和结果的变化。大众传媒向经济社会中的人们转达了权威性的预测,人们从这些预测中第一时间见到曲线可能的趋势,于是采取相应的行动。即,媒体通过向大众发布预测性的信息去改变用于预测的信息存量,反之又伪造和成就着这个预测本身。

例如,一篇有关中石油的正面报道中预测其股价会涨,这可能会令更多的人购买其股票,股价自然也会随之攀高。然而,我们如果确定知道某支股票在未来一年的走向,它一定不会再按照这个格局发展的。这是个悖论:预测未来改变了未来,因为采取行为、创造未来的人们读取了这些规则。而经济新闻本身可能就具有那种使预言成真的能力,因为它自己参与了事态的变化。因此,经济新闻并不可能达致客观,甚至常常发生现实结果与事前的预测之间存在极大偏差的情况——当然这些并不完全由新闻文本对事件的参与所致,但确实不可忽视这一因素的存在[①]。

另一方面,新闻专业化程度的提高也导致经济新闻文本与事件本质间存在距离。专业主义的表达方式往往是名词化,"它将过程和行为转化为状态和对象,并将具体转化为抽象……将局部的、短暂的条件实体化为一种固有的状态或特征"(Barker and Gakasinski,2001)。比如,诸多房产报道中用于描述政府新近出台的房产政策规划的"房产新政"一词,所传达出的言外之意无外乎:自上而下的政策最近刚刚发布,将对参与市场的主体具有强烈刺激作用。用百度搜索"房产新政",其结果多达 154 万条,而"相关搜索"一栏所罗列皆为某时某地的"房产新政"。可见,至少那些影响了广大市民的思维方式的都市报纸都在如此进行着同一种语义上的归纳行为[②]。比令读者产生视觉疲劳更严重的后果是,这种做法在强行将复杂的经济事件简化,动辄把一种个别的、偶然的、个人的观察夸张地构造成一个普适的、必然的、公共的现象。其理由也大概在于对社会生活及其利益分布的干预欲望。诚如福柯所理解:知识意欲正是扩展、分裂、调遣知识和权力,来达到社会控制的目的。这种意欲是一个排斥系统,它是一种匿名的形态多变的力量,它自私地为自身的实用目的寻求知识。但是,这些由于私利推动的知识意欲偏偏扯起"真理"的虎皮并"惦记着它的最后目标——剿灭"[③]——把不符合这个"真理"的一切腐蚀、掩盖掉。

---

① 资深财经记者庞瑞锋在《财经新闻道》中曾描述过一位炒股的记者利用报道拉抬所持股票股价的事例。见《财经新闻道》,庞瑞锋著,南方日报出版社 2008 年版,第 149 页。

② 事实上,除都市报外,众多财经报纸也如此操作,包括作者王昀曾经实习过的《上海证券报》。

③ 尼采著,田立年译:《哲学与真理:尼采 1872—1876 年笔记选》,上海社会科学院 1993 年版,第 6 页。

三、房产新闻的话语分析

(一)纳入发展语境的房产新闻

加拿大学者简·雅各布斯曾在其影响力巨大的城市规划著作《美国大城市的死与生》中一针见血地指出:"好的住房就其本身只是住房而已。当我们试图说明好的住宅建筑能够创造良好的社会或家庭这样的奇迹时,这其实只是虚张声势而已,实际上我们只是在自欺欺人。"她还进一步将这种特殊的自我欺骗称为"通过砖块拯救的教义"(雅各布斯,2006)。

不幸的是,最近十几年来,"通过砖块拯救的教义"正被狂热信奉和追随。各种商业与住宅楼盘的建设被视为现代化之必要环节,城市发展与社会进步和房地产建设的关系则被议程设定者有意或无意地名词化了,以既成概念和常识的形式植入了媒体的惯常用语和社会的普遍的认知逻辑之中。如建设和经营房地产业的公司被冠以"发展商"、"开发商"之称呼,海量的相关新闻给人无比深刻而牢固的印象。

发展一词的原意为"事物由小到大,由简到繁,由低级到高级不断上升的运动变化过程",国家领导所提出的"发展才是硬道理"等类似说法也一时把发展置于风口浪尖。将此概念与房产建设联系起来,隐喻意义是:通过建设房子,可以推进生产力的进步,可以促进社会经济的发展,而具体的"发展"又直接体现在各种指标性的数据上。

与发展相似,开发一词意为"通过研究努力,开拓、发现和利用新的资源",将此概念与房产建设相联系,便意味着以土地为对象进行的劳动,将会使片片荒芜之地成为改善人们物质生活的富饶之地。在新闻中若无特殊说明,"开发商"即意指房产商,似乎开发其他自然资源便生来不如开发土地盖房子那样拥有改善人们生活的魔力。

于是,"发展商"和"开发商"成为了"当代神话"——能够带动社会经济整体进步。哪怕这些企业的财富积累过程令人们颇有微词甚至质疑,但人们依然相信,房地产会促进城市发展,而随着城市大踏步发展人们又将得到更实惠的回报。虽然称呼之肇始已不可考,但神话成为了常识,已足以将房屋建设与建设者和经济发展的光环与荣耀相连。显然,这个神话集中放大了房产建设的能量。

这种发展和进步的光环还将一系列分散的相关事件重新组装起来,成为它们的共同逻辑,同时成为人们每次接受新的文本之前的"前概念"。如一篇叙述某集团拿地的新闻,暗示着某地块未来的发展与升值的预期,暗示着某地块附近的居民将得到更多的实惠;而房价下降则被某些人预测成了"国家灾难"①,在评论中呼吁百姓买房以度过金融危机。

---

① 《社科院三学者当面激辩:房价降一半是国家灾难》,见《第一财经日报》,2009年5月26日。

　　而事实上,与土地和税收密切相连的房地产业决然离不开土地和税收的直接控制者——地方政府,土地招标高价拍卖的收益以及房产税收占据了地方财政收入的绝大部分,是地方政府的主要"财源";而且,房地产发展又是地方政府打造"政绩工程"的有力工具。这一"名利双收"的产业,使得地方政府自然成为其快速发展的强力"发动机"。

　　房地产业究竟起到多大的社会经济效应?简·雅各布斯在《城市与国家财富》一书中曾以美国田纳西河流域开发计划失败的例子告诉我们,相关产业并不因仅有办公及生产设备转移到某个空间,就能够顺利地转移过去(雅各布斯,2008)。也就是说,房地产固然可以为国民经济部门转移和发展以及为人们的居住提供场所做出贡献;但是,繁荣同时需要诸多完善的基础设施和服务配套,若在不动产所在地周围缺乏相关的人力物力,再多的房屋也不能带来因为多产业的良性循环而带来的经济收益。因此,房产导致地方经济繁荣的说法更显苍白。

　　另一方面,在众多国内媒体经济新闻的叙述中,房地产业与建筑业的指称界限模糊。众多城市的都市报争相开辟"房产专刊",专门提供房屋相关的信息,其中不乏建筑业的相关报道。如讲述在房产市场骤冷状况下建材装修商百安居的困境的新闻《百安居两道坎》①、在奥运之前地板业是否已开始走下坡路的新闻《行业大洗牌循序渐进 地板业"拐点"之说难成立》②等等,建筑业均以房地产业下游的地位自居,且均置于房地产版面。版面本身就意味着"房地产业"既指在土地上规划建设与出售房屋,也指与之相关的生产过程;也透露出如下互文关系:房地产的的确确带动着相关下游产业,因此十分重要。

　　在房地产对地区经济增长贡献的一片乐观许诺声中,也有些许反对意见,如《房地产业不入振兴规划更显地位特殊》③、《萧灼基:建设小康房地产业地位重要》④、《房地产业地位惹争议 放弃支柱谈何容易》⑤。但由于其过于含糊和复杂,加上房地产发展主义之合法性超然于新闻媒体话语之外,新闻媒体上的争辩也成了机会主义诠释的温床:房产商发表的看法永远是涨,如潘石屹、任志强;建设部的官员专家、各大学房产中心的教授也清一色看涨;而对这种发展模型持批判态度的反对者,则被打成为顽固的"反进步分子",或只顾地方特殊利益,不顾国家大局的"保守力量",因而很快被消音遗忘。

　　再有,房地产与社会发展联动的叙述还通过生产标签,将那些即将被纳入开发区的农

①　见《21世纪经济报道》,2009年4月21日。
②　见《北京商报》,2008年4月17日。
③　见《市场报》,2009年3月4日。
④　见《中国房地产报》,2003年4月7日。
⑤　见《每日经济新闻》,2007年4月28日。

民和城市平民化约、建构成为"文化程度不高的人"、"借机捞取钱财的人"等。例如一篇讲述上海强制拆迁的新闻——《上海最牛钉子户被拆掉》①,采取了如此的叙述方式:"在执行强拆过程中,胡某及家人情绪异常激动,其妻采取过激行为,爬上屋顶,手持汽油桶,欲浇身自焚,试图以要挟手段来阻挠⋯⋯这次拆违,是城管大队自 2001 年成立来⋯⋯实施的首例强制拆除案件。"新闻的叙述者站在城管大队的角度,用"自焚"、"要挟"、"阻挠"一类反社会及违反道德的形容词描述"钉子户"不配合拆迁的过程,同时衬托大队执法的艰难,以及解决强制拆迁难题的效率。而旁观者网友则从另一个角度来讲这一"最牛钉子户"的故事:"周围都是高楼,他们不肯搬。强拆时老板娘 桶汽油浇在身上,和 N 多人对峙两次⋯⋯最后一次对峙的时候消防车、救护车、警车鸣鸣鸣冲过去。""对峙"一词意指对抗过程,弱者"钉子户"主动与强者执法大队对抗,则延伸出一种冷峻而悲情的英雄主义氛围。另外,网友使用"N 多人"的网络习语表述了在前一个文本中所缺失的执法者的形象,这个形象无疑是 N 对一的那个 N,强弱之势明显,隐含意是弱者被逼采取极端手段。

新闻话语中的被拆迁户,被建构成为应该被管理、教育和规训的对象,实质上是服从于权力和资本的调配。相应的,强制拆迁则因此拥有话语合法性,强制执行者成为秉持城市发展原则的代言人。这种一边倒的充满偏见的叙述,代入人们的思考方式,进一步强化着城市发展就要拿地和拆房、人们要服从城市发展的思维模式,甚至一些被拆迁户也接受并认同了这种关于城市发展的意识形态,并期望着搬入被安置的新居②。

(二)房产新闻话语中的房产投资性

将房地产纳入社会经济发展的语境的同时,人们对房地产业的回报本身的预期不断升温,经济新闻话语中的房产因而具有投资保值的特性。

以《房地产时报》2007 年 7 月 2 日一期头版要闻的一篇新闻为例:《市民抗通胀心理胜于求资产增值 保值客纷纷进楼市》,新闻中以 CPI 涨幅的数据及通货膨胀的预期为理由,提出"从投资增值到保值的过程,将吸引很多人进入房产市场",又使用"普遍规律"导致某种结果的推论性语言对房地产市场进行了描述及预测:"房地产是保值并适度增值的产品,这是全球普遍规律。正因为国内投资渠道狭隘,而通货膨胀越来越明显,促使许多想保值的居民纷纷将资产进行转换。"而文末发表观点的专家华伟则把房产将会升值的原因归结"流动性过剩在过去两年中没有发生根本转变,现在矛盾更加突出。证券市场风险

---

① 见《南都周刊》,2007 年 3 月 26 日。

② 参见纪录片编辑室所制作的纪录片《丑丑的家》,在故事主线之余亦反映上海新闻一带长春坊里弄居民拆迁前后的生活变迁。

提高,银行和证券公司中大量过剩货币必然要找安全途径"。即与证券等其他投资品相比,房产可被视为相对安全的资产;而股市和楼市使用着同一种语言,也暗含着楼市与股市皆为系统性的投资市场,且互相牵掣连为一体。这从大量新闻标题可以看出,常用字眼如"过热"①、"优势渐显"②、"地价成房价攀升风向标"③、"以稀为贵"④、"淡季不淡 再创新高"⑤、"止跌回升"⑥、"持续走强"⑦;在上篇新闻正文之下,另有一篇"相关链接 楼市 PK 股市"的小文,分别列举出看好楼市与看好股市的六条原因,另一些诸如"股市大幅震荡 楼市再度兴旺"⑧等文章标题将"楼市"与"股市"并置,并且将楼市的观点置前,即暗示着在当下,楼市比股市具有更好的投资潜质。

在这篇新闻文本中,大多数的原因分句都是金融学的声音,如"通货膨胀"、"指数"一类学科化概念,这种论述貌似精确、显得合理而可信,但其论断的闪烁其词体现在:一方面提到"房产保值且适度增值是一种普遍规律",另一方面又说"目前流动性过剩带来房产增值"。吊诡的是,我们不说:"经济增长是一条普遍规律"(因为经济周期是客观存在的),却偏说"房产增值"是一种"普遍规律"。现实中的房产增值构建了"经济增长"的神话,而这神话又反哺了房产,使房产升值的话语具有了合法性,巩固了它作为稳定的投资品种的地位。

金融学科中常用的关于曲线的"推移"、"上升"、"下降"等话语,一般都在缺乏主词的情况下被使用,造成了经济系统是一个纯技术性的、没有主体参与的机械世界的图像。其意识形态原因则是模糊了后面调控的行为者,模糊了最本质的因果关系及责任。在这个被简化的前提里,价格和商品数量外的社会存在消失了,或被界定为"外在的"条件,而这"外在的"条件通常不会在经济学的话语中得到反映和诠释。而且,在既有的学科规训下,少许泡沫正意味着经济的繁荣,才能称得上发展。报道最后作为总结的专家发言,往往也要面对来自自身专业的限制——如果提出反对意见,则削弱了自身学术的权威。

事实上,许多公开发表的民意调查皆显示,居民自住的消费性需求大于投资性需求,或者表达为刚性需求未彻底释放。而见诸报端的投资性话语依然在为房产投资主体制造

---

① 《房地产时报》,2007 年 7 月 2 日,A3 版。
② 同上,2007 年 7 月 2 日,B4 版。
③ 同上,2007 年 7 月 16 日,A4 版。
④ 同上,2007 年 7 月 16 日,A3 版。
⑤ 同上,2007 年 7 月 9 日,A4 版。
⑥ 同上,2007 年 7 月 9 日,A5 版。
⑦ 同上,2007 年 7 月 9 日,A5 版。
⑧ 同上,2007 年 7 月 23 日,A4 版。

着充分的合法性。"房价由需求决定"包括在供求理论当中,作为这一常识的延续,人们同时也接受了名词化的"需求"当中对广大的需要购房自住的消费者的排除,充斥在房产新闻中的金融学"科学"话语并未真正邀请所面对的读者参与到消费活动之中,而是将他们视作社会心理的基石,在上面建构了一层房产投资的合理性。即便是着重民生消费的都市报,也常使用投资性的语言描述房产业,围绕着房价上涨做文章,在房产的游戏中强化资本的"魅影"。

房产类的经济新闻,在以一种独特方式将房产市场显现的同时,也改变了人们对它的看法。通过大量投资性的措辞和词汇,使原本正常供给人们以用于各式多样生计的房屋,被看似合理地放到投资品种的地位,被约化为一种能够"钱生钱"的方式。通过一套狭隘的投资价值语言,房产类的经济新闻令人引起的联想是:炒作楼房虽然使房价升高,却是合理的和符合价值规律的,也是符合当今关于"发展"的话语构成的。

四、结　语

正如查尔斯·纽曼所言:"我们正处在那些我们只能询问我们怎样弄清楚常识的历史关头。"话语分析的重要意义正在于此。随着现代学科日益分离,作为一种普遍的知识形态的政治经济学在 20 世纪逐渐瓦解;而当代相对狭隘的经济学科的基本假设和思维方式经过经济新闻的专业主义的结构化,作为经济为中心的自然秩序话语呈现于媒体,所指向的却是包含复杂经济活动的现实社会。那么经济新闻的话语中被强调的和省略的是什么,究竟构成人们的预设的是怎样一些模式和概念? 这些问题的确有着不可忽视的研究价值。然而由于各社会科学学科迫于树立自身独立性的压力,在它们之间所形成的门槛越来越高,尤其是包含着大量数理逻辑的经济学,几乎成为跨学科研究的禁区;而弄清包括在经济新闻中的一切常识又必须采用跨学科的视野和方法。于是悖论不断出现,又迫切要求被瓦解。

参考文献

［1］托伊恩·A·梵·迪克(2003).《作为话语的新闻》.北京:华夏出版社.

［2］胡春阳(2007).《话语分析:传播研究的新路径》.上海:上海人民出版社.

［3］约翰·费斯克(2003).《传播符号学理论》.台北:台湾远流出版社.

［4］海登·怀特(2003).《后现代历史叙事学》.北京:社会科学出版社.

［5］诺曼·费尔克拉夫(2003).《话语与社会变迁》.北京：华夏出版社.

［6］让·波德里亚(2006).《象征交换与死亡》.南京：译林出版社.

［7］布坎南(1989).《自由、市场与国家》.上海：三联书店上海分店.

［8］保罗·海恩,彼得·勃特克,大卫·普雷契特科(2008).《经济学的思维方式——经济学导论》.北京：世界图书出版公司.

［9］F.W·尼采(1993).《哲学与真理：尼采1872—1876年笔记选》.上海：上海社会科学院出版社.

［10］简·雅各布斯(2006).《美国大城市的死与生》.南京：译林出版社.

［11］简·雅各布斯(2008).《城市与国家财富》.北京：中信出版社.

［12］Fairclough，N.（1995）. *Critical Discourse Analysis：the Critical Study of Language*. London：Longman.

［13］Barker，C. and Gakasinski，D.（2001）. *Cultural Studies and Discourse Analysis： A Dialogue on Language and Identity*. London：SAGE Publications.

The Discourse Myth in News on Chinese Finance
——Taking News On Real Estate as Cases

Abstract：News as discourse has huge room for "rational imaginary" by which myths are formed, enhanced and accepted by people as commonsense. Through such discourse of news on finance, systematic and scientific description, the power of capital is disguised as the natural and objective outcome of science. The news on real estate follows this logic and so implies such myths as evolution and investment. Therefore, it is imperative to analyze, rethink and revert such myths though it looks a little against the times.

Keywords：discourse; myth; financial news; news on real estate

作者简介

胡春阳(女,1970—)：博士,复旦大学新闻学院讲师。

通讯地址：上海市邯郸路 440 号,复旦大学新闻学院(200433)。

电子邮箱：duoer828415@sina.com。

王昀：复旦大学新闻学院传播系 2005 级本科生。

复调文论——中西文论对话[*]

◎ 王　庆

西华大学

摘　要　我们要在继承的基础上创建中国文论,就必须借助中西文论的话语资源。中国古代文论与当代西方文论,在时间上跨越了传统与现在,在空间上联接了中国与西方,使得他们之间的对话成为了中西文论对话中的重头戏。中西文论的对话奏响了复调文论。对话不是研究,对话双方都具有主体性及自我意识,都在对话中阐发自己的主张和理论。原始以表末,梳理西方文论在中国的传播与接受,搭建基本的对话平台;释名以章义,就共同的话题展开不同的论说,寻求它们的共同点以增进理解;探源以辨异,挖掘出类似观点背后不同根源以彰显各自的异质性,使得对话双方互以为质,更好地理解自身。

关键词　中国传统文论;西方文论;中西文论对话

一、中国文论的创新途径

当代中国文论的学术资源,大致有三个传统:一是中国古代文论,二是俄苏文论,三是西方文论。从历史源流上来看,古代文论是我们自己的文论资源,但五四白话文运动以后,再难找到其言说语境,一直举步维艰;俄苏文论在特定历史时期对我国文论产生了相当大的影响,但改革开放以后,逐步从人们的话语中淡去,成为一种历史记忆;西方文论虽然在五四时就有所接触,但直到 20 世纪 80 年代,才蜂拥而入,成为当今文论的重要话语资源。

西方文论自有其深厚的发展传统,有其产生的文化根源和背景,而我们的引入却基本上是一种共时性、平面化的引入。第一是拿来,从柏拉图到德里达,几千年的演变浓缩到几十年内来吸收。一时间风起云涌,云遮雾障,各式各样的西方思潮都在中国的学术界演练了一遍。呐喊厮杀声中都是西方文论话语的硝烟,而中国文论却哑然失语。

---

　　* 本文为四川大学曹顺庆教授主编《中西文论对话——全球化语境中的比较诗学研究》(即将出版)一书的绪论,感谢曹顺庆先生的悉心指导。

改革开放已经三十年,新时期文论也已经走过了三十年。斗转星移,尘埃渐定,我们逐步开始分析和思考,在拿来的基础上甄别与挑选,在失语的困惑中转换与重建。不论是西方文论的研究还是古代文论的阐发都取得了一定的成绩。然而,从总体上看,现当代中国文论还是隐而不彰,没有拿得出手的东西:没有一个大体的轮廓,没有一个明晰的面貌,没有呈现出自己独立成熟的理论形态和话语系统。

我们究竟要重建一个什么样的中国文论? 这是面对现实我们不得不思考的问题。首先,有一个方向是清楚的,那就是整合中西文论,在继承的基础上创新。其次,如何创新,怎样创新? 中国文论的发展迟迟没有突破,就是在这个关节点上我们的思考还不深入。

首先,我们不能指望创造一个包打天下的文论。这种情况在人类认识的早期出现过,如先秦的"诗言志",柏拉图的"理念",亚里士多德的"摹仿"。但是,随着人类社会的发展,书写性灵和现实的文学随着社会生活的复杂化而复杂化,千姿百态,面目各异,不可能服从某一条定律。我们不可能再创造出一种文论能囊括古今文学的阐释。如果有,那只可能是在极权下的不正常产物,如前苏联的文论。所以说,我们未来的文论肯定是多元的。不同的理论交杂共呈,提供不同的思路对文学进行多视角多维度的阐释。因而,百家争鸣、百花齐放应是文学理论的常态。

其次,我们不可能一劳永逸地完成中国文论的建设。我们的文论总是在不断言说之中,不断建构之中。中国文论的建设成功不在于提供一个本质的答案,而在于能给出对文学及其现象的有力阐释或是独到见解。因为文学本来就没有所谓的本质,如果有,那也是我们建构出来的,而且一直在我们的构建之中。虽然文学理论一直有各种关于文学本质的言说,或者说各个流派各种言说都试图揭示文学的本质,但都只是从一个方向、一个侧面向我们揭示。每一种揭示也远非定论,它只是文论构建过程中的一个步骤。克罗齐说:"一切历史都是当代史。"①文学理论也是这样。它的构建一方面指向文学的本质的揭示,一方面指向当下的生存体验。因此它一方面固守传统,在言说中不断追溯先贤;一方面随着社会思潮的变迁而变迁,参与甚至引领着社会思潮的发展。在构建变动中有历史传承,在历史传承中有当代气息,因此,它的发展永无止境。也就是说,我们未来的文论是动态的。

再次,多元言说中的相互关系问题。它们可能有两种情况:一种就是各说各的,百花齐放,各论一隅,各持其论,各得其情,流派分明,各有千秋。当代西方文论流派纷呈,犹如春秋战国时期之百家争鸣,各家学说蜂拥而出,形成一个又一个学术高峰;还有一

---

① 克罗齐著,田时纲译:《一切历史都是当代史》,《世界哲学》2002 年第 6 期。

种就是冲突、碰撞、对话，最后形成你中有我、我中有你，而又面目各异的情景，如马克思主义与当代学说的结合所产生的精神分析马克思主义、结构主义马克思主义等等都类似于此。

综上所述，创新也就有两条路径，一是在百花齐放中再绽一枝的原创。这种情况比较罕见，它不但依靠特定历史环境的孕育，也依靠特立独行天才的发现，比如弗洛伊德的精神分析，福科的知识考古学，这确实是前人所未思考过的角度、所未探索过的方向。他们的发现打通了一堵墙，后继者在他们的启发下继续往前挖掘，往往所获甚丰，逐渐形成一个流派，也形成思想史上再也无法忽略的资源。

还有一种就是在对话中激发，在继承中创新，站在巨人的肩膀上更进一步，积微渐进，局部创新。面对古今文论丰富的学术资源，这是我们比较可行的扎实的创新路径。在对话的过程中，更加深入的理解前人的言说，在前人的激发下有一点自己的独得之见，如刘勰的《文心雕龙》之于陆机的《文赋》，荣格之于弗洛伊德；或者是能够让不同的言说在同一个场景里呈现，拼接出新的面貌，如海德格尔之于胡塞尔现象学和老庄道家思想的融合。中西文论对话采取的就是这后一种方式，相互交流，深入沟通，在前人的基础上试图有所发明。这也是积极稳妥地重建中国文论的道路。

二、复调文论——中西文论对话

对话与研究不同，研究的对象我们称作材料，它是冷静而客观的，而在对话里却没有客体的概念，对话双方都是以主体的姿态呈现。我们首先关注的是谁和谁对话？其次是他们如何展开辩论的？在整个过程中，我们如同观赏一场精彩的球赛。因而，对话的价值就在于主体性的张扬。如果说研究如同写剧本，那对话就把这场戏搬上了舞台。

巴赫金说："思考它们，就意味着和它们说话，否则的话，它们立即会以客体的一面转向我们。"[①]我们一直在讲中西融合，仿佛这些思想是客体的资源可供我们驱使。然而，在对话的场景里面，它们不再是被动的客体，它们成为了主体。它们是活跃的思想家，是游说的政治家，是激动的辩论家，总之它们有一个特色就是它们在不断地言说，言说它们的立场主张。思想的活力和生命在于传播，不论是西方的还是古代的文论，都只有从书本文字中站起来，寻找到知音，产生共鸣，寻找到对手，产生论辩，才能成为鲜活的思想。陀思妥耶夫斯基的小说"一开始就响起了大型对话里所有主要的声音。这些声音不是各自封

---

① 巴赫金：《陀思妥耶夫斯基诗学问题》，见朱立元、李钧主编：《二十世纪西方文论选》（下卷），高等教育出版社 2002 年版，第 86 页。

闭的,相互之间也不是不闻不问的,它们总是听着对方,互相呼应,互相得到反映(尤其是在微型对话中)"。① 巴赫金因此称之为"复调小说"。我们不妨将其借用过来,把中西文论的对话称为"复调文论"。在同一个文本敞开中西文论不同的立场和观点,让不同的旋律与音阶围绕着同一个主题奏响,互补互动,形成复调效果。中国古代文论与当代西方文论,在时间上跨越了传统与现在,在空间上联接了中国与西方,使得她们之间的声部呼应更为错落有致,成为了中西文论对话中的重头戏。西方文论要在中国落地生根,必须在中国本土找到话语支撑,古代文论要实现现代化转换,必须要在当代找到言说语境。古代文论是中国传统的话语资源,西方文论是当代主要的言说语境,两者的对话和磨合对于我们重建中国文论至关重要。

(一) 当下语境:当代西方文论

中西文论对话的根本目的还是在于促进我国的文论事业的发展,解决我们当下的困惑和实际的问题。随着现代化程度的加深,我们和西方的差距越来越近,他们曾经的遭遇和困惑很多也是我们现在所面临的。类似的病症使我们把求诊的目光投向西方现代话语资源。他们走过的弯路值得我们借鉴,他们取得的经验值得我们吸取。流派纷呈的西方当代文论,各领风骚数十年,在西方急剧变化的现代化进程中不断反思,不断批判,一路披荆斩棘走过来,有很多成功和失败的经验可以供我们借鉴。可以说,当代西方文论已经超越了文学理论的专业领域,与西方当代哲学一起,直接参与了西方当代价值理念的建设而纵横天下。

当代西方哲学的科学主义与人本主义两条线索,都和当代西方文论紧密联系在了一起。从人本主义一条线来看,这是文论的原初领域。尼采的哲学也是尼采的散文,萨特的小说也是萨特的哲学,更为重要的是,对人的关怀,是哲学的本分,也是文学的本分。对于人本主义哲学来说,文学所提供的社会范本是再好不过的人性分析范本,而他们的研究肯定要影响到文学理论。因此,人本主义哲学流派和文论流派自然而然地走到了一起,很多思想家同时也是文论家,如海德格尔、弗洛伊德,法兰克福学派,女性主义和后殖民批评等等。

现代科技的发展形成了现代社会进步的根本力量,使得科学理性成为当代主导性力量,逻辑分析的方法渗入到各门学科,包括"非其族类"的人文学科。现代西方哲学的语言学转向为当代西方文论开辟了科学主义一条战线,使当代西方文论在研究文学自身的问题上取得了前所未有的突破。古希腊哲学试图认识世界的本质;笛卡儿、康德却追问这个

---

① 巴赫金:《陀思妥耶夫斯基诗学问题》,见朱立元、李钧主编:《二十世纪西方文论选》(下卷),高等教育出版社 2002 年版,第 91 页。

认识何以可能,回到人自身及其认识能力;而现代哲学则进一步思考这个认识的工具——语言本身如何可能。因此,哲学家开始分析语言、分析形式:区分所指与能指、语言与言语,历时与共时、转喻与换喻,分析层次、功能、模式、结构,分析世界是如何被叙述被构建出来的,这些分析促使了文学理论转向自身内部,做精细的科学研究与分析,形成了俄国形式主义、新批评、结构主义等一批影响深远的流派。

没有哪个世纪的文学理论有 20 世纪西方文论那样丰富多彩,也没有哪个世纪的文学理论像 20 世纪西方文论那样掀起全球性的风暴,产生如此深远的影响。在中国,它们也掀起一阵又一阵的思想风暴,成为当今学界所研究的热点和重点。因此,当代西方文论成为我们所选择的对话主体之一。

(二) 理论支点:中国古代文论

对话不是独白,它要求对话双方各自有各自独立的话语,在此基础上才能进行平等有效的对话。对话西方当代文论,我们需要一个有效的理论支点,这就是古代文论。这一方面是现当代文论罹患失语症的无奈。回首中国现当代文论的发展历程,五四以来的白话文运动,救亡压倒一切,启蒙与革命使文艺成为宣传;建国以来,苏联文论随着苏联模式红遍社会主义阵营,也成功地实现了苏联文论的中国化,成为我国主流文论话语,但这种僵化畸形的文论不是正常的学术研究;改革开放以后,西方文论的引进开拓了我们的视野,解放了我们的思想,使我们成功地颠覆了苏联文论的束缚,但是,不自觉地又一头陷入西方文论的藩篱。直到如今,失语症仍然是现当代文论界最明显的病征,如陈伯海先生说:"中国现代文论话语之所以不能当作本根,还因为从总体上看,它尚未建成成熟的理论形态,不足以支撑起一套新的话语系统。"(陈伯海,2008)

曹顺庆先生明确提出:"进行异质文论的对话首先应该掌握'话语独立'和'平等对话'两条基本原则。"(曹顺庆,支宇,2003)现当代中国文论深受西方文论侵染,无法脱离西方文论的言说,未曾独立,也就谈不上什么平等。而古代文论是在中华文明中孕育出来的独立的话语系统,有自己的根脉和体系,有自己的话语规则和言说方式:"一是以'道'为核心的意义生成和话语言说方式;二是儒家'依经立义'的意义建构方式和'解经'话语模式。这两条主线生成又派生出众多的附属生成规则,如言不尽意、立象尽意、微言大义等等,支撑起枝繁叶茂的中国学术。"(曹顺庆,王庆,2008)中国古代文论话语规则独具特色,与西方文论有着从根子上就截然不同的异质性。这形成了其与西方文论对话的天然条件。

另一方面在于古代文论根植于中国传统文化的命脉,理解古代文论,我们才能更好地理解我们自身,才能在传统与现代的过渡中回旋转身。和西方当代文论不断深入批判当下西方社会中的种种问题相反,我们近百年来批判的目标不是指向当下,而是指向过去,指向传统,从"反帝反封建"到"破四旧"等不一而足,总以为是传统思想束缚了我们的发展,造成我们的落后。百年来的批判割裂了我们的传统,对于古代文论我们也产生了隔膜。在当今西方话语盛行的时代,听听古代文论的言说,能唤起我们的集体无意识,唤起我们的民族记忆。也是在西方文论的参照下,我们能冷静地审视我们的文化传统,更加清楚地认识到自己的特质。张首映先生认为:"西方 20 世纪文论还有一种'小处精细,大处迷茫'的小家子气倾向。"(张首映,1999)西方文论新锐犀利,但常常是只见树木不见森林,深刻与偏见共存,启示与迷茫同在;传统深厚的理论资源,历经岁月千年的淘洗锤炼,它的浑厚和人气正好作为西方当代文论的参照。这种参照也许能在《庄子》中找到隐喻:

> 庄子送葬,过惠子之墓,顾谓从者曰:"郢人垩慢其鼻端若蝇翼,使匠人斫之。匠石运斤成风,听而斫之,尽垩而鼻不伤,郢人立不失容。宋元君闻之,召匠石曰:'尝试为寡人为之。'匠石曰:'臣则尝能斫之。虽然,臣之质死久矣!'自夫子之死也,吾无以为质矣,吾无与言之矣!"(《庄子·徐无鬼》)

郢人与匠人,一个大智若愚,一个大巧若拙,两者截然不同,然而却相得益彰,相互为质,相互成就。庄惠之交,濠梁之辩(《庄子·秋水》),中西文论对话亦有似于此。审美的庄子有艺术家的气质,认知的惠子有逻辑家的辩才,截然不同的个性成就了他们的辩论与友谊。批判的西方当代文论与审美的中国古代文论截然不同的异质性,使他们的交锋也定然颇为精彩。

三、中西文论对话的方法和路径

当代西方文论和中国古代文论走到了一起,讨论些什么呢? 如何形成交流、沟通与对话呢? 刘勰在《文心雕龙·序志》篇中讲:"若乃论文叙笔,则囿别区分,原始以表末,释名以章义,选文以定篇,敷理以举统。"《文心》从第六篇《明诗》开始,细论各类文体,基本是按照这个程式进行的。我们便依古人之例,略加变通,改造成中西文论对话的方法,或许可行。

(一) 原始以表末,西方文论中国译介

原始以表末,对西方当代文论在中国的译介和研究情况做一个历时性的梳理,理清西方文论传入中国的来龙去脉,了解现有研究状况,是构建对话语境的基础。

从历史上来看,当代西方文论传入中国主要有两个时期,第一次是"五四"前后,以王国维、梁启超、胡适、鲁迅等对西方思潮的译介和传播为代表,打开了国人的眼界。这次引进在建国后受"左"的思潮的影响而归于沉寂,但也有暗潮涌动;第二次是改革开放后的全面引进,波澜壮阔,目不暇接,而又与时代脉搏紧密联系在一起。从 20 世纪 70 年代末到

80年代末,在解放思想、拨乱反正的时代步伐中,引进西方文论,破除僵化思想,激发了人们极大的学习讨论热情。1985年人称方法年、批评年、文化年,人们争相用西方当代文论的各式方法理论解构长期盘踞的阶级思维专断模式。在20世纪末十年,学术上少了些冲动,更多了些反思,西方文论的引进也进入了更高一层的消化研究阶段,尤以1996年"失语症"和"古代文论现代转换"的讨论为热点,回到重建中国文论的道路上来更为理性地对待西方文论。而从21世纪初到现在,全球化浪潮加速了中国融入世界的脚步,我们与西方学术界的交流越来越频繁,几乎形成了了同步共振的态势。

而在大体的演变过程中,西方文论各流派在中国的境遇也不尽相同,这或多或少取决于中国社会的接受程度。比如80年代,初登陆的新批评、结构主义在中国热极一时,对文学形式研究的重视实际是对"以阶级斗争为纲"的反驳;而法兰克福学派、文化研究、女性主义批评、殖民主义批评等后现代文学批评理论直到90年代以后,当中国社会商品经济充分发展,也遭遇西方后现代式的精神危机的时候,才逐步热起来。因而,"原始以表末",在历时的流变中梳理每个流派在中国的译介、传播和遭遇以及它与中国问题的契合度与关联度,它在中国接受的深度与广度,是非常具有现实意义的。

(二)释名以章义,同题共论中西观点

展开中西文论的画卷,对比强烈的色差使我们不得不首先找寻它们的共同点以寻求沟通的可能:不同话语共同话题;不同路径共同走向;不同规则共同规律都是可供切入的交汇点。在这些交汇点上,所谓"释名以章义",就是在对话的过程中敞开各自的阐释和立场,揭示各自的角度和观点,搭建对话沟通的话语平台。这种讨论不是一定要得出什么结果,而是聆听双方的声音,彰显双方的释义。

1. 不同话语共同话题

《在对话中建设文学理论的中国话语——论中西文论对话的基本原则及其途径》一文中,曹顺庆、支宇先生就提出"不同话语与共同话题"作为中西异质文论对话的具体途径之一。试图展开异质文论的对话,共同话题是一个很好的切入方式,也是最常用的切入方式。早在1988年,国内第一本比较诗学著作《中西比较诗学》①就将艺术本质、艺术起源、艺术思维、艺术风格、艺术鉴赏等五个话题作为中西对话的基本单元,然后在每个话题下展开中西文论的相关论述,使他们在各自的言说中揭示出中西艺术共同的规律。

当代西方文论流派纷呈,每一个流派都有它的侧重点。他们往往在一个问题上深入

---

① 即曹顺庆:《中西比较诗学》,北京出版社1988年版。

下去,将其推到极致,形成一种"片面的深刻",然后掉头,又开发另一块处女地。它的新意和深刻在于立场和角度的不同,但话题往往还是古老的话题。比如说俄国形式主义的陌生化理论,陆机讲"谢朝华于已披,启夕秀于未振"(《文赋》),刘勰在《体性》中列"新奇"一门:"新奇者,摈古竞今,危侧趣诡者也",韩愈说"惟陈言之务去"(韩愈《答李翊书》),都有与之相通之处。再如接受理论从读者的角度切入文论,刘勰也曾在《文心》中专列《知音》一篇,提出"会己则嗟讽,异我则沮弃",讨论读者的偏好与作品的接受问题。同一处风景或许在中西画家笔下风采各异,但他们毕竟画的都是同一棵树、同一座桥。因此,虽然时空迥异,但中西文论都有共同关心的话题,可以就此基础上展开讨论。

2. 不同路径共同走向

不同的路径如同登山,前山后山的风景不同,但山顶是共同的目标。中国的内陆型文明与西方海洋性文明起源虽然迥然不同,但都展开了对宇宙人生的思考。虽然各自的路径不同,古希腊的"逻格斯",中国的"道",一可说一不可说,但都指向以语言为阶梯的对宇宙规律的揭示。而文学本是人学,中西文学和文论其实都绕不开人性的探索。精神分析的压抑说和古代文论的发愤著书说,一个从性压抑的角度进行潜意识分析,一个从历尽磨难奋发图强的人生态度上分析,路径虽然有所不同,但都从作家心理寻找创作动机,得出"病蚌成珠"的结论。

3. 不同规则共同规律

中国古代文论与西方当代文论都是根植在各自文化传统中,有着各自不同的话语规则。熟悉古代文论的中国读者一眼就可以看出伊瑟尔提出的"文本的召唤结构"和传统"意境"理论的"虚实相生"、"韵味无穷"有着类似之处。然而,"'意境'的范畴成熟虽晚,但是从老子的'道可道,非常道'、'大音希声,大象无形',庄子的言不尽意、'得意而忘言',到钟嵘的'滋味'说、司空图的'韵味'说、严羽的'兴趣'说,直至王国维的'境界'说,我们可以看到仿佛有一条隐约的红线贯穿始终,这就是深藏在范畴后面的文化规则。"(曹顺庆,王庆,2008)意境后面是深于体味领悟的"道"不可言的中国文化规则,而"召唤结构"后面却是西方式的剥笋抽茧式的逻辑演绎文化规则。伊瑟尔从文本与读者两极的关系出发,提出设问:"一、文学作品如何调动读者的能动作用,促使他对文本中描述的事件进行个性的加工? 二、文本在何种程度上为这样的加工活动提供了预结构? 怎样一种预结构?"[①]这种预结构从空白、填空、追问、召唤中一点点揭示出来,体现了逻辑清晰、追求真理的西方文化规则。"召唤结构"与意境理论殊途同归,说明从不同的学术规则出发,我们也能探寻

---

① 伊瑟尔:《阅读行文·中文版序》,转引自朱立元主编:《当代西方文艺理论》,华东师范大学出版社 2005 年版,第 293—294 页。

到文学艺术的共同规律。如钱钟书先生所说:"比较文学的最终目的在于帮助我们认识总体文学乃至人类文化的基本规律。"①

(三)探源以辨异,类似论述不同根源

中西文论对话的价值,一方面在于寻求文学的共同规律,一方面还在于对于各自异质性的确证。"所谓异质性,是指从根本质地上相异的东西。就中国与西方文论而言,它们代表着不同的文明,在基本文化机制、知识体系和文论话语上是从根子上就相异的(而西方各国文论则是同根的文明)。"(曹顺庆,2006)所谓探源以辨异,就是不仅仅看到表面上的同,还要进一步深究其根源上的不同。这也是中西文论对话进行之后更深层次的要求。在引发对话、展开对话、活跃对话的愿望下,对话双方"求同存异",尽量就某些共识交流意见,如钱钟书先生的《管锥编》、张隆溪的《道与逻各斯:东西方文学阐释学》都是这类著作。这样的对话能促进双方的交流,但真正牢固的友谊还应该建立在进一步理解的基础上。因此,更深层次的对话一定会涉及双方异质性的探讨,也是在对异质性根源进行梳理的过程中,双方能互以为质,在对比中更加深入地认识自己。

1. 类似现象不同成因

中西文论成长在不同的文化语境之下,有些观点和论述不谋而合,但细加咀嚼,就会发现它们后面的结构背景、文化支撑其实是不同的。例如,西方现象学文论传到中国,引起中国学者的极大兴趣,乃是由于现象学的本质直观与中国传统思维颇为类似之故。但其实两者之间有着绝大的不同。胡塞尔的"本质直观"是科学分析式的,它通过加括号的方式悬搁了经验主义的态度,这和古代文论的目击道存的顿感领悟方式是截然不同的思维路径。胡塞尔的现象学是在批判西方传统的主客体两分的思维模式下产生的。他通过"意向性"这个关照动作将"意向性主体"和"意向性客体"融合到一体,这和中国向来不分主客体的浑然思维又有一致之处,但实际上胡塞尔的意向性是针对个体的、有确定对象的,与中国的浑融完全不同。中国的天人合一是"独与天地精神往来"(《庄子·天下》),并没有确指的。在这些类似现象的背后,我们加以深入的辨别与分析,就可以看到中西文论类似的说法后面有着非常不同,甚至是截然相反的思维模式和出发点。

2. 类似结论不同指向

"慧子曰:狂者东走,逐者亦东走,其东走则同,其所以东走之为则异。故曰:同事之人,不可不审察也。"(《韩非子·说林上》)同是东走,一奔一逐,貌同而神异。西方当代文论是在对西方文化的批判过程中发展而来,都有着现实的内在意义,如俄国的形式主义标

---

① 张隆溪:《钱钟书谈比较文学与"文学比较"》,见北京师范大学中文系比较文学研究组编:《比较文学研究资料》,北京师范大学出版社1986年版,第92页。

立"文学性","艺术永远独立于生活,它的颜色从不反映飘扬在城堡上空的旗帜的颜色"。[①] 其实只要听听他们的宣言,看看他们兴起和零落的年代,我们就知道它其实以标榜形式逃避和反抗俄国十月革命前后的政治话语。新批评在美国兴起,摒弃文学的外部研究而着力于文学的内部研究,其实和美国这个新兴国家没有多少历史可供外部研究也有关系。而同样是对形式的重视,李清照的词"乃知别是一家"(李清照《词论》),是对苏轼等"学际天人"以文入词的不满,为词争取一个独立的地位,和当时的政治没有什么深刻的联系。

因此,在中西文论对话的时候,不仅要听它们说了些什么,要辨析它们言说的思路和根源(也就是异质性),更要比较思考各自言说的目的和指向,也就是它们的话语试图达成的力量。这样才能吸收双方思想精华为我所用,而不是我为其用。

3. 杂花生树范畴共生

对话寻求的是理解,不是争个谁是谁非,不是一方压制另一方,也不是强势话语的一家独白。杂花生树、范畴共生让异质性话语都有言说的空间,互证互识,共存共生。曹顺庆先生说:"如果不能清醒地认识并处理中西文论的异质性,则很可能会促使异质性的相互遮蔽,并最终导致其中一种异质性的失落。"(曹顺庆,2006)异质性最好的保护就是保持其原生态,异质共生,保持其独立的品格。而复调文论的魅力就在于它的矛盾性、包容性、开放性和互动性,形成真正的"和而不同"。"江南三月,暮春草长,杂花生树,群莺乱飞"(丘迟《与陈伯之书》),西方文论争奇斗艳,古代文论枯木逢春,杂花生树春满园,范畴共生百花开。

参考文献

[1] 陈伯海(2008)."原创性"自何而来——当代中国文论话语构建之我思.《文史哲》5.
[2] 曹顺庆,支宇(2003).在对话中建设文学理论的中国话语——论中西文论对话的基本原则及其具体途径.《社会科学研究》4.
[3] 曹顺庆,王庆(2008).中国文学理论的话语重建.《文史哲》5.
[4] 张首映(1999).《西方二十世纪文论史》.北京:北京大学出版社.
[5] 曹顺庆(1988).《中西比较诗学》.北京:北京出版社.
[6] 曹顺庆(2006).中国文论的"异质性"笔谈——为什么要研究中国文论的异质性.《文学评论》6.

---

① (俄)什克洛夫斯基:《文艺散文:沉思和分析》,转引自马新国:《本文文论史》,高等教育出版社2002年版,第382页。

Polyphonic literary theory: Dialogue between Chinese and Western literary theory

Abstract: Resources embedded in Chinese and Western literary theories ought to be explored, if we intend to reconstruct new Chinese literary theory. The dialogue between traditional Chinese literary theory and modern western literary theory connects the past and present, Chinese and Western cultures and can therefore play a leading role in constructing polyphonic theory. It is assumed in this paper that 'dialogue' itself des not necessarily mean 'research'; however, 'interlocutors' in the dialogue should express and interpret their own stances and theories. As for the methods of dialogue, first, we can investigate the history of western literary theory's reception in China and then on that basis construct a platform for dialogue; second, discuss the same topic of Chinese and western theories simultaneously, trying to find the common ground reach mutual understanding; third, excavate different origins of the same idea to reveal heterogeneity and let both sides better understand themselves.

Key words: Chinese traditional literary theory; western literary theory; dialogue between Chinese and western literary theory

作者简介

王庆(1974—)，女，四川自贡人。西华大学人文学院讲师，四川大学文学与新闻学院博士生，主要从事古代文论、文艺理论、比较诗学研究。邮箱：qing210dream@yahoo. com. cn。

从荀子的《正名》看中国的传统语言文化定位

◎ 崔应贤

河南师范大学

摘　要　《正名》在荀子的著述里边很具有统领性质,反映了主导思想上的"隆礼重法"与语言系列主张上的密切关系。在先秦诸子里边,荀子在语言学普遍原理上面有独特的建树;时至今日仍有相当大的借鉴意义。在语言运用上面荀子也有规范和重文两个方面的诸多论述。最后还就我国先秦与古希腊修辞学理论建设上的利弊,从哲学文化的高度进行了分辨与评价。

关键词　荀子;隆礼重法;制名;重文;语言哲学

荀子是战国后期著名思想家,又是一位备受争议的人物。说他是先秦诸子学说之集大成者,当然是正面肯定性质的了;换句话来说又是充满矛盾的统一体。从他的经历和学说主张中可以看到这一点。他思想的成熟与最能体现学业成就的,应该说是在稷下学宫,三度曾为该校祭酒。该校以思想自由活跃著称,其中又以名家最为占据优势;然而他反其道而行之,成为了法家理论的首倡者。他鼓吹"重法"、"王道",当应邀前往秦国,在赞赏该国政情民俗的同时,却又认定秦王尚未达到王者的功名,关键是没有重用儒者。他攻讦思孟学派,认为子弓和自己才是孔子学说的正宗传人;但秦代以降,他却备受儒家主流派的贬斥,甚至被弃置于道统之外。在诸子里边,他的笔下文思是最富有逻辑性的,然而却对文学情有独钟。总之,他在数千年传统文化中的遭际,构成了一个言说不尽的话题。谭嗣同在其《仁学》中评论道:"二千年来之政,秦政也,皆大盗也;二千年来之学,荀学也,皆乡愿也。惟大盗利用乡愿;惟乡愿工媚大盗。"他于中国历史产生过这样大的作用,然其受人的关注度并不高。孟子作为亚圣名字叫得响亮,真正知道或承认荀子是后圣的并不多。冯友兰认为:"如果中国人遵循墨子善即有用的思想,或是遵循荀子制天而不颂天的思想,那早就产生了科学。"[①]然而台湾学者吴文璋却在他的《从荀子哲学探讨为什么中国没有

---

①　冯友兰在 1921 年于哥伦比亚大学哲学系宣读此一论文。《三松堂学术论文集》,三联书店 1984 年版。

科学——兼论科学如何在生命中生根》一文中,却坚定地宣称:"要用荀学开出科学,根本是妄想。"①荀子的语言学论述在先秦诸子里边应该说是最为精到和富有科学内涵的,然而现时的人们除了记住了他的一个"约定俗成"外,却很难给予准确的评价。写出第一部中国修辞学史的郑子瑜先生在他的著作里边就没给荀子留下一点儿天地。

越是充满矛盾的对象,其内涵也必然丰富,越是有着深入研讨的必要。

一、《正名》的价值

《荀子》一书,凡三十二篇。其中《宥坐》、《子道》、《法行》、《哀公》、《尧问》五篇为弟子撰写外,《大略》是记述荀子言论的语录体,其他篇章据考证均出于荀子之手。我们之所以选择该篇作为论述的中心,并非仅仅出于专业上的侧重,还在于该篇最能体现荀子学说思想的全面性和深刻性;当然,其局限性也不可避免地存在于其中。

综观荀子的学说思想,"隆礼重法"是其极力倡导的社会制度学说。他的所有的具体主张都是紧密围绕着这一思想进行阐发的。整个的著述里边,《王制》、《富国》、《君道》、《臣道》、《致士》、《议兵》、《强国》、《君子》、《儒效》、《正论》、《礼论》、《乐论》、《性恶》、《仲尼》等,占绝对数量的篇章都是正面论述这一治国之策;即便是他采用文学体裁形式进行的宣讲,如《成相》和《赋》,在内容上面确立的仍是这一主题。以此为前提,他要求人们,当然主要是士阶层,个人修养臻于完美,遵循"心利之有天下",达至完人。这一方面的著述既包括道德品行的直接说教,如《劝学》、《修身》、《不苟》、《荣辱》,还包括思想认识方法上的引导论述,如《天论》、《解蔽》、《非相》、《非十二子》、《正名》等。显而易见,荀子的思想体系是属于政治伦理性质的。荀子的弟子们赞誉他:"为说者曰:'孙卿不及孔子。'是不然。孙卿迫于乱世,黾于严刑;上无贤主,下遇暴秦;礼义不行,教化不成;仁者绌约,天下冥冥;行全刺之,诸侯大倾。当是时也,知者不得虑,能者不得治,贤者不得使。故君上蔽而无睹,贤人距而不受。然则孙卿怀将圣之心,蒙佯狂之色,视天下以愚。《诗》曰:'既明且哲,以保其身。'此之谓也。是其所以名声不白、徒与不众、光辉不博也。今之学者,得孙卿之遗言余教,足以为天下法式表仪。所存者神,所过者化。观其善行,孔子弗过。世不详察,云非圣人,奈何? 天下不治,孙卿不遇时也。德若尧、禹,世少知之;方术不用,为人所疑。其知至明,循道正行,足以为纪纲。呜呼! 贤哉! 宜为帝王。"(《尧问》)这也确实道出了荀子及其思想的实质。孔老夫子之所以被称为帝王师,其中心点在于充分肯定了"君君、臣臣"等级尊卑秩序的合理性。然而,在"春秋无义战"之时,推行"仁"的教化无助于目标实现。

---

① 《成大中文学报》,1996 年,第 4 期。

如果说孔夫子还有几分知识分子的执著:"道不行,乘桴浮于海",荀子于自己所设计的社会体制似乎更执著。他全身心地投身于"贵贱有等,长幼有差,贫富轻重皆有称者也"(《礼论》)的社会制度的理论建设中。在恃强凌弱越发激烈的战国末期,尽管他是那么注重实际功利,"无用之辩,不急之察,弃而不治。若夫君臣之义,父子之亲,夫妇之别,则日切瑳而不舍也"(《天论》)。然而他鼓吹实现的途径,即实施"王道"而非"霸道",仍与现实有一定的距离。当然,该距离仅为一步之遥,并最终在他的学生韩非李斯那里得以完成。从这种意义上说,荀子的"王道"和孟子的"仁政"有性质上的差别。他极力鼓吹统治者的力量,实则为强权政治给予了理论上的推助。谭嗣同的评价并不为过。正像后来历代的封建皇权执行韩非路线而不张扬、很难实施却仍需大肆宣传儒家学说一样,荀子的学说理论不被看好、不宜大肆宣扬,问题在于他理性的一面过于凌厉。一个"性恶"的认定,便让宋明理学的那些道学家们视若鬼蜮,定要将他驱逐出儒学正宗而后快。荀子的遭遇对数千年的中国知识分子来说是很具有典型意义的。

如果事情仅这么简单也倒罢了,关键是荀子作为先秦诸子的集大成者,他有超越他人的见识眼光,却又深陷其中而不能自拔。从思路上讲,他比前边诸家都要清晰。如孟子认为人的天性是善良的,都有"恻隐之心"、"善恶之心"、"辞让之心"、"是非之心"(《孟子·告子上》)。既然如此,为什么还不容易实施仁政王道?相比之下,荀子观点的认定就更合乎逻辑:"人生而有欲;欲而不得,则不能无求;求而无度量分界,则不能不争;争则乱,乱则穷。先王恶其乱也,故制礼义以分之,以养人之欲、给人之求,使欲必不穷乎物,物必不屈于欲,两者相持而长。是礼之所起也。"(《礼论》)"今人之性恶,必将待师法然后正,得礼义然后治。"(《性恶》)再比如,孔子提出著名的正名学说,强调正名的作用。指出:"名不正,则言不顺;言不顺,则事不成;事不成,则礼乐不兴;礼乐不兴,则刑罚不中;刑罚不中,则民无所措手足。"(《论语·子路》)但孔老夫子的"名",是一个比较模糊的称述。一路推演下来,让人们感觉到它仅指社会的名份秩序,范围不明,根基也不实。到了荀子这里,情况就为之大变,既结合社会语用,又注重语言本体的特征,还密切联系心理认知的因素,这就为原初单一的政治理念找寻到了坚实的事实基础和理论基础,从而形成了相对完整系统的学说。这里看他一段与孔子观念比较一致的表述:"知者为之分别制名以指实,上以明贵贱,下以辨同异。贵贱明,同异别,如是则志无不喻之患,事无困废之祸,此所为有名也。"(《正名》)名实之分,在中国传统语言文化史上,可以说是荀子第一次将它置于本体之中进行认识的,从而使之具有了可以认定、可以把握、可以分析的性质。老子的"名"带有神秘主义的色彩,孔子的"名"也仍为伦理学上的术语,而唯有荀子给它赋予了概念的内涵。《易经》中说:"形而上者谓为道,形而下者为之器。"显然,这里的"名"就不仅仅局限于社会领域,将自然物理的现象也包容了进来。此时的"名"已不再局狭,现代语言学所揭示的能指属性它即完全具备。概念既是论证的出发点又往往表现为论证的结果。概念的明晰对于科学意识的建立、强化思维的缜密、语言表达的规范都有着坚实的价值。荀子强调"制名以指实",可以使思想的表达趋于准确,事务处理也会更有效率。显然,不管是荀子为了自己设计的政治制度寻找理论根据也好,还是基于自己学说的坚实性而进行严密推证也好,他在语言领域中的拓展是同时代其他诸子无可比拟的。

　　整个荀子理论学说构架所表现出的主题内容:"隆礼重法"思想的申明、道德修养的劝诱、严谨思维方法的展示和语言观念的阐发,在整个《正名》中都得到了最全面的体现。置于整个人类文明背景之中他所表现出的局限性也能于其中窥视得到。所以,读荀子,真正了解荀子,最终都不能不归综到《正名》篇章中来;当然,以《正名》把握荀子整个学说的主旨也是提纲挈领的好方法。

二、《正名》的哲学方法观念

　　"比起任何特殊的科学理论来,对人类的价值最大的恐怕还是科学的方法论。"①荀子思想论述方面的清晰严密,不仅表现在自己的言语实践中,最值得人们注意的还在于他有明确的方法意识。这在诸子当中也是出类拔萃的。

　　科学,通俗地讲就是分科之学,其精髓就在于精细的分析。它是科学之所以为科学的最根本的方法。古希腊文明和中国先秦时期文明的一个截然对照就是前者重分析,后者重综合。柏拉图指出:"凡深知怎样去界定和怎样去分划的人就该视为神。"②而庄子的表述是:"天地与我并生,而万物与我为一。"(《齐物论》)分析追溯才易于揭示事物内部的结构特征,建立概念范畴,从而形成知性的认识,为科学奠定坚实的基础。摒弃分析的综合只能停留在笼统模糊的感觉阶段,主观感情的因素便多会占取上风。难能可贵的是,荀子学说论述里边相当程度上体现了分析的意识,"别同异"即为荀子论证方法中一向坚持的一个主导思想。特别是他重点讨论的语言上的系列问题:"名"的指称由来、与所指之间的关系、由此而形成的类别系统等,都是贯穿了这种观念的。具体说来,这方面的主要成就有:

　　1. 名实组合时的任意性和社会承认后的规约性。他表述说:"名无固宜,约之以命,约定俗成谓之宜,异于约则谓之不宜。名无固实,约之以命实,约定俗成,谓之实名。"

　　2. 要名实相副并易于分辨其同异。他指出:"然后随而命之,同则同之,异则异之。

　　① 转引自斯蒂芬:《自然科学史》,上海人民出版社 1977 版,135 页。
　　② 转引自培根:《新工具》,商务印书馆 1984 年版,172 页。

单足以喻则单,单不足以喻则兼;单与兼无所相避则共;虽共不为害矣。"

3. 建立严谨的概念分类系统。他这方面的分界是:"故万物虽众,有时而欲无举之,故谓之物;物也者,大共名也。推而共之,共则有共,至于无共然后止。有时而欲偏举之,故谓之鸟兽。鸟兽也者,大别名也。推而别之,别则有别,至于无别然后止。"

4. 制名的关键在于实决定名。他分辩道:"物有同状而异所者,有异状而同所者,可别也。状同而为异所者,虽可合,谓之二实。状变而实无别而为异者,谓之化。有化而无别,谓之一实。"

5. 注重分析论辨,强调逻辑的严密性。在荀子看来,王道昌兴之世,"明君临之以势,道之以道,申之以命,章之以论,禁之以刑。故民之化道也如神,辨说恶用矣哉"!而在天下乱、奸言起的时期,则就需要辨说,需要言语表达上的严密判断和推论。"实不喻,然后命,命不喻,然后期,期不喻,然后说,说不喻,然后辨。故期命辨说也者,用之大文也,而王业之始也。名闻而实喻,名之用也。累而成文,名之丽也。用丽俱得,谓之知名。名也者,所以期累实也。辞也者,兼异实之名以论一意也。辨说也者,不异实名以喻动静之道也。期命也者,辨说之用也。辨说也者,心之象道也。心也者,道之工宰也。道也者,治之经理也。心合于道,说合于心,辞合于说。正名而期,质请而喻,辨异而不过,推类而不悖。听则合文,辨则尽故。以正道而辨奸,犹引绳以持曲直。"在《性恶》篇中他还强调说:"凡论者,贵其有辨合、有符验。"

正是荀子具有严密分析的方法意识,并成为他的思维方式,因此,在许多重大问题的认定上都走在了时代的前列,遵循这种分析观念所做出的创建性贡献也就颇为显著:

人与自然之间的关系,特别是对于当时诸多思想家们赋予神秘意识的"天",如何看待?孔子是"知天命"、"畏天命",墨子是"尊天事鬼",唯有荀子建立起了唯物主义的认识论:"天行有常,不为尧存,不为桀亡,应之以治则吉,应之以乱则凶"(《天论》),并从承认自然界的客观性、规律性出发,提出了"天人相分"的观点。即便是针对具备一定科学潜质却缺乏整体观和系统性的名家来讲,他的这种定位也有超越其上的哲学含量,更不要说其后董仲舒公羊派的荒谬理论了。

再拓展开来,他当时的一些立论,比起同时期中外哲人所谓严谨的思辨认定也毫不逊色。比如广泛流传的柏拉图将"人"定义为"身上无毛的两足直立的动物",亚里士多德将人定义为"政治动物",庄子以中国式的聪慧将"人"定义为"络马首,穿牛鼻,是为人"(《秋水》),荀子的论述是:"人之所以为人者,非特以二足而无毛也,以其有辨也。"(《非相》)显然,荀子这儿是在有所排除的基础上做出的判断,其深刻性,时至今日恐怕所蕴涵的价值含量仍给予我们以启示。别异划分就在于有区别性特征作标准,而最坚实最理想的区别性特征就在于排他性:唯有该物有而他物所无。17 世纪法国哲学家、科学家帕斯卡尔的名言:"人只不过是一根芦苇,是自然界最脆弱的东西,但他是一根有思想的芦苇。"①这让我们许多人都醉心不已。然比起荀子的认定,时间上晚且不说,内涵的丰厚度与本质的把握上也仍有不足。

荀子不仅具有朴素唯物主义的思想,在此基础上又十分看重人的主体性和认识价值。他指出:"凡以知,人之性也;可以知,物之理也"(《解蔽》),即认为世界是可知可以被人所认识的。认识的过程是通过"天官"(感官)接触外界事物,再由"天君"(思维器官)进行理性的加工(征知),才能实现主客体的统一。他特别重视动天君,即思维阶段的作用价值,须"虚壹而静",要注意不为认识的片面性和主观性所遮蔽。"蔽"的形式很多:"欲为蔽,恶为蔽,终为蔽,远为蔽,近为蔽,博为蔽,浅为蔽,古为蔽,今为蔽。凡万物异则莫不相为蔽,此心术之公患也。"(《解蔽》)只有排除了各种各样的干扰,才能达到接近于事物的客观真实。

荀子从语言哲学的角度切入在认识论上所做出的建树,应该说足以为科学意识的形成奠定坚实的基础了。但为什么说他的学说又强有力地制约了中国文化科学的诞生与发展呢?真所谓"成也萧何,败也萧何"。正因为荀子学说中存在着巨大的悖论,才形成了现时人们对他判断上的鲜明差异。说荀子学说在相当程度上阻碍了科技,此论并不为过。主要在于:

1. 极端地强调为政治目的服务。荀子所言所论,一切旨归都是为了推行王道社会秩序。这一点表现得特别明确且坚定,并申之又申:"辨莫大于分,分莫大于礼,礼莫大于圣王。"(《非相》)"凡言不合先王,不顺礼义,谓之奸言;虽辩,君子不听。""凡事行,有益于理者,立之;无益于理者,废之。凡知说,有益于理者,为之;无益于理者,舍之。"(《儒效》)"礼之理诚深矣,坚白同异之察,入焉而溺。"(《礼论》)

2. 极端的功利性。对此他也强调得很多:"闻之不若见之,见之不若知之,知之不若行之。学至于行之而止矣。"(《儒效》)"故善言古者,必有节于今;善言天者,必有征于人。"(《性恶》)他指责惠施、邓析等名家是"好治怪说,玩琦辞,甚察而不惠,辩而无用,多事而寡功",虽然是"持之有故,其言之成理",结果是"足以欺惑愚众"。

3. 鄙弃对未知世界锲而不舍的追求。荀子对其他所有的工作,特别是纯粹知性的思辨采取了排斥甚至是扼杀的态度。"不隆礼,虽察辩,散儒也。"(《劝学》)"知者论道而已矣,小家珍说之所愿皆衰矣。"(《正名》)"意亦有所止之与?夫'坚白'、'同异'、'有厚无厚'之察,非不察也,然而君子不辩,止之也。"(《修身》)认为有关这些课题所进行的逻辑思辨,是"狂惑戆陋之人,乃始率其群徒,辩其谈说,明其辟称,老身长子,不知恶也。夫是之谓上

---

① 刘烨编译:《帕斯卡尔思想录》,中国电影出版社 2005 版。

愚,曾不如相鸡狗之可以为名也。""人之性,求可以知,物之理,而无所疑止之,则殁世穷年不能遍也。其所以贯理焉,虽亿万已,不足以浃万物之变,与愚者若一;学,老身长子,而与愚者若一,独不知错,夫是之谓妄人。"(《解蔽》)甚至要求人们放弃这方面的探求:"若夫充虚之相施易也,'坚白''同异'之分隔也,是聪耳之所不能听也,明目之所不能见也,辩士之所不能言也,虽有圣人之知,未能偻指也。不知无害为君子,知之无损为小人。工匠不知,无害为巧;君子不知,无害为治。""故君子道其常,而小人道其怪。"(《荣辱》)

科学的建立需要三个方面的条件:针对自然现象进行内部深入分析的观念意识,进行严密概括表述的形式工具,有科学方法进行推证的哲学思想。虽然科学创造的终极目的还是为了人,但正像没有物质文明精神文明就失去了基础一样,客观性仍是主体行为必须遵循的根本依据和进行分析切入的必要前提。这由古希腊科学奠定的状貌可以参照。当时的哲学家都是自然科学家,这就使得普遍方法的抽象概括成了有源之水,有苗之木。把目的当作认识的对象和全部内容,把实现眼前利益当作检验行为价值的唯一准则,这便容易使得特定的社会群体始终处于一种基本需求和本能需求的状态之中。任何事物都反映着内部结构和外部功能两个方面的特征,外部功能多是显性的,对人类社会来说,体现着实用性;而内部却多为隐性的,以整体的表象遮蔽着其结构的复杂性。对客观世界的认识态度多决定了不同社会群体的价值取向。有为和无为,是侧重功利还是侧重满足探寻的渴望,显然对于科学能否建立具有决定性的影响。当先秦大多数思想家们沉湎于设计良好社会秩序、将一切寄托于"内圣外王"至人出现的时候,而古希腊的思想家们却在尽力地营建远离世俗的思想王国。比如赫拉克里特,他就认为找到天下一件事物的原因,其快乐有甚于当波斯国王。① 当学生问学几何有什么用的时候,欧几里德马上就让人拿给他十块钱,说,你一定要在里边得到好处的话,请拿上钱走吧! 这些都很能透视他们遗世独立、醉心于学问构建的思想精神。执著的分析理念,可以让他们推想到任何物质内部存在着最小的单位——原子,并呈现着层次分布与运动关系。这既是他们从事研究对自然事物规律的一种拟想,也是世界观的一种反映。原子、层次和关系,即为对事物内部结构特征的摹写,反映于社会组织里边,重视每一个个体的价值也就成了顺理成章的事了。先秦的思想家也有类同这种境界的。如墨子,作为器械技术极为高超的人,作为逻辑思辨能力极强的人,可以说思路方式非常接近于古希腊那些思想家;然而,就像庄子指出的名家他们讨论的问题:"一尺之棰,日取其半,万世不竭",虽有拼命分析的意识,但是因为没有最小单位以及结构的观念,缺失了这一块,重视每一个个体的思想便建立不起来。于是在整个社会秩序的营造中,便不能形成每一位个体都是主体的准确定位,只好将希望寄托在

---

① 北京大学哲学系外国哲学史教研室编译:《古希腊罗马哲学》,商务印书馆 1961 年版,103 页。

"尊天事鬼"上。荀子虽然在逻辑方法上面最显成就,可惜他缺失的更多,过于强调社会的实用价值功能抵消了非常出色的部分。所以,从荀子这里,包括整个的先秦思想,是很难为科学创立、夯实基础的。

三、《正名》的语言思想

如果我们对荀子学说采取扬弃的态度,将其为政治伦理服务、极端地走实用主义的一面给予淘汰,将其积极昂扬励志勤勉、比类清朗推证严谨的一面给予光大的话,特别是他有别于其他诸子的,有关语言的性质功能能从本体角度进行立论形成相对完整的体系,以现代语言学视界进行观照,摧陷廓清,总结继承,显然有着重要的价值。

前人的语言学行为,不外乎理论和实践两个方面的展现。事实证明,在他们身上往往是和谐统一的。如庄子主张"得鱼忘筌,得意忘言"(《外物》),那么他的言语便汪洋恣肆,光昌流丽;墨子主经"言无务为多而务为智,无务为文而务为察"(《修身》),那么他的言语便质朴浑厚、善于类推。其中,孔子和荀子对语言最有自觉的意识,他们都充分认识到语言的运用上面存在着规范和文采两个方面的效度问题,如前者表述说:"法语之言,能无从乎?改之为贵。巽与之言,能无说乎?绎之为贵。"(《子罕》)他既肯定"辞达而已矣",又推崇"言之无文,行之不远",因此其言语表现是简括平易、迂徐含蓄。荀子对孔子的有关论述是直接地继承了下来,如《季氏》中说:"侍于君子有三愆:言未及之而言谓之躁,言及之而不言谓之隐,未见颜色而言谓之瞽。"荀子在《劝学》中也表述道:"未可与言而言,谓之傲;可与言而不言,谓之隐;不观气色而言,谓瞽。故君子不傲、不隐、不瞽,谨顺其身。"然而,于语言本体有着理性认识并有着理论建树的却唯有荀子,除名实之辨外,有关辞章组合要求也有诸多论述。语用方面,正像他自己确立的标准那样:"君子宽而不僈,廉而不刿,辩而不争,察而不激,寡立而不胜,坚强而不暴,柔从而不流,恭敬谨慎而容。夫是之谓至文。"而其语言表现更是有"诸子大成"的美称,其风格特色是明快缜密、铺陈扬厉。荀子将语录体发展为标题论文,使得古代说理文章法规范成熟;同时他还是第一个使用赋的名称和用问答体写赋的人。

综观荀子的语言学说营造,有两个方面值得重视:

一是主张社会语言规范运用。

荀子可以说是最早倡导国家统一制定语言政策的。有关这一问题,《正名》篇中也谈得最多。其体现的特点,一个是从语言的社会功能性质出发,进行理论上的阐发论证。在荀子看来,名既是实的载体,又是辞章表意的基础单位。王者起,新秩序,必当循于旧名,作于新名。"故王者之制名,名定而实辨,道行而志通,则慎率民而一焉。"以国家行为进行制名和规范,虽然荀子有他的终极追求,但从民族文化的角度进行认识的话,其积极意义应该是给予充分肯定的。再一个则是对逆于这种规约行为的批评。荀子的批评也分为两种情况:有的是结合着政治内容进行认定的。这一点荀子过于强化了负效应的一面。在其他篇章里边多次体现了他的这种定性,如《非十二子》中言道:"知而险,贼而神,为诈而巧,言无用而辩,辩不惠而察,治之大殃也。行辟而坚,饰非而好,玩奸而泽,言辩而逆,古之大禁也。知而无法,勇而无惮,察辩而操僻,淫大而用之,好奸而与众,利足而迷,负石而坠,是天卜之所弃也。"因言获罪这种传统与荀子的这种判定也不无关系,有的则是从语言本体角度进行的客观评判。这也主要体现在《正名》一文中,就名实关系间的乖误他归纳出三种现象有:"'见侮不辱','圣人不爱己','杀盗非杀人也',此惑于用名以乱名者也。验之所为有名,而观其执行,则能禁之矣。'山渊平','情欲寡','刍豢不加甘,大钟不加乐',此惑于用实,以乱名者也。验之所缘以同异,而观其孰调,则能禁之矣。'非而谒楹','有牛马非马也',此惑于用名以乱实者也。验之名约,以其所受,悖其所辞,则能禁之矣。"(《正名》)虽然这种评判不一定都完全准确,但汉语文言过于简约,名家自己表述得也不够明晰严谨,也不能不说是一种客观事实。

二是充分肯定语言的工具效用。

荀子之前,普遍存在的语言态度是"尚简"、"慎言"甚至"讷于言"。孔子虽然也承认语言的价值作用,但主要取向仍是"刚毅,木讷,近仁"(《子路》)。稍早于荀子的庄子,更是有消解语言载体功能的主张:"大辩不言"(《齐物论》)。而荀子却与这种主流的观念相反,与自己积极用世的思想精神相一致,对言辞使用采取了充分赞赏的态度。他指出:"法先王,顺礼义,党学者,然而不好言,不乐言,则必非诚士也。故君子之于言也,志好之,行安之,乐言之,故君子必辩。凡人莫不好言其所善,而君子为甚。故赠人以言,重于金石珠玉;观人以言,美于黼黻文章;听人以言,乐于钟鼓琴瑟。故君子之于言无厌。鄙夫反是:好其实不恤其文,是以终身不免埤污佣俗。故易曰:'括囊无咎无誉。'腐儒之谓也。"(《非相》)

三、倡导言辞严谨并富于文采

正是有良好的前提,荀子以积极的态度应用语言和美化语言。他批评墨子"蔽于用而不知文",虽然有失偏颇,但从另一方面也可以由此看出他的语用取向。

有关修辞的价值作用,荀子也是从两个方面来进行定位的。

一个是把它当作言语主体个人修养的重要组成部分来看待,体现的是一种综合效用。《大略》中说:"人之于文学也,犹玉之于琢磨也。"学习文章经籍,包括《诗经》文采的吸纳,都有益于品行的陶冶,而言说同样也包括了内容的健康。"故与人善言,暖于布帛;伤人之言,深于矛戟。"(《荣辱》)甚至还要同个人的风貌紧密地相联系:"谈说之术:矜庄以莅之,端诚以处之,坚强以持之,譬称以喻之,分别以明之,欣欢芬芗以送之,宝之,珍之,贵之,神之。如是则说常无不受。"(《非相》)当然,这一方面荀子从他的等级秩序观念出发,将人的言语行为也划为不同的层次是不可取的。如:"多言则文而类,终日议其所以,言之千举万变,其统类一也:是圣人之知也。少言则径而省,论而法,若佚之以绳:是士君子之知也。其言也诣,其行也悖,其举事多悔:是小人之知也。齐给便敏而无类,杂能旁魄而无用,析速粹孰而不急,不恤是非,不论曲直,以期胜人为意,是役夫之知也。"(《性恶》)

再一个则是从语言本身的角度给予比较准确的阐发。荀子于此提出了一条重要的标准:"君子行不贵苟难,说不贵苟察,名不贵苟传,唯其当之为贵。"(《不苟》)为什么呢?就名称事来讲,"名有固善,径易而不拂,谓之善名。"(《正名》)但"稽实"并不容易。要做到"辨异而不过,推类而不悖;听则合文,辨则尽故"(《正名》),就更需要"期、命、辨、说"等复杂的工夫;而要达到士君子辨说的境界:"辞让之节得矣,长少之理顺矣,忌讳不称,祆辞不出;以仁心说,以学心听,以公心辨;不动乎众人之非誉,不治观者之耳目,不赂贵者之权势,不利传辟者之辞;故能处道而不贰,吐而不夺,利而不流,贵公正而贱鄙争",其难度是可以想象的,再想企求"圣人的辨说",就更是难上加难。于此,荀子在具体的方法上面也做了很好的启示,那就是:"凡说之难,以至高遇至卑,以至治接至乱。未可直至也,远举则病缪,近世则病佣。善者于是间也,亦必远举而不缪,近世而不佣,与时迁徙,与世偃仰,缓急嬴绌,府然若渠匽檃栝之于己也。曲得所谓焉,然而不折伤。"(《非相》)曲语宛转,最易于实现初衷效果。

四、《正名》的话语观念得失论

在先秦诸子里边,于话语权及话语的方法问题上,唯有荀子是旗帜鲜明。谭嗣同所谓"乡愿"的认定,似乎还需要再讨论。如果说数千年的封建社会、封建专制,正是荀子学说的集中体现:"隆礼"借助"重法","重法"为了"隆礼",这是对的;然而荀子的学说并非虚伪的说教,他是真心诚意地认同自己的这一套,亦即两者兼备才是求得社会秩序稳定和谐的最佳方案。他以自己最大能力的思辨来尽可能充分地论证它的合理性,这比起孔子仅仅是下断语、孟子多为仁义劝诱都要显得目标明确且有力度。在这上边,有三个方面的特色最能给人以深刻的印象:一是自信话语的价值力量,二是注重严密推证,三是下工夫进行辨析。当然,在显示出自己特色的同时也表现出显豁的漏洞。这也正是我们现时从事话语理论建设与实践时所要批判继承的。

这里一一展开来进行认识。

众所周知,中国,甚至人类社会一直都存在着"所指"和"能指"之间的一个关系论辨问题,习惯的说法叫做"言意之辨"。由老子的"辨言不善,善言不辨"到庄子的"圣人议而不辩",透现出的主导认识思想就是"言不尽意"。对此孔老夫子是持中庸态度,即主张"书不尽言,言不尽意",同时又认为"言以足志,文以足言"。正像我们已经指出的那样,荀子却反复强调的是:"君子必辩",唯有"辨",才能使问题清楚,各个方面秩序井然。且他的这个"辨",分为言语之辨和对事物分门别类两个方面的内涵。两者统一于"分",即认识的条理性,以此保障礼仪制度严明,而这个总的原则又受制于圣工君子的意志行为。也就是说,只有这些人才有决策权和话语权,才可能使国家康泰、民风纯正。比如他指出:"辨莫大于分,分莫大于礼,礼莫大于圣王。"(《非相》)显然,荀子对于王道的推崇,远远超过了孔夫子,达到了极致的地步,且他这种观念完全是认真的,甚至连世俗迷信加之于这些人身上天生异象的神秘性都给予了驳斥,直接将他们还原于人的本来面目:"材性知能,君子、小人一也。好荣恶辱,好利恶害,是君子、小人之所同也","人之生,固小人,无师、无法,则唯利之见耳"(《荣辱》)。从这种意义上讲,荀子的认识非常具有现实与心理的可接受性。接下来的追问必然是:既然人生来性恶,凭什么将君子、小人区分开来了呢?对于这样的终极追问,荀子就有些折绕敷衍、含混笼统了。总括荀子的全部论述,圣人成就的条件主要集中在这样的两个方面上:一是"尧、禹者,非生而具者也,夫起于变故,成乎修,修之为,待尽而后备者也"(《荣辱》),再一是"可以为尧、禹,可以为桀、跖,可以为工匠,可以为农贾,在势注错习俗之所积耳"(《荣辱》)。即需要个人修养和时事环境共同起作用才行。追溯原因,泛泛地这样解释,当然不错;问题在于很难给予严密的证明。马克思主义也讲:"人创造环境,同样环境也创造人。"(《德意志意识形态》)环境决定论现时已被愈来愈多的人质疑:同样的条件因素,为什么人和文化的表现形态有那样大的差异?这就不好解释了。剩下的就是人的自身修养。人生来恶性。如果没有坚实有力的手段抑制这种本能,包括对自己内心潘多拉盒子的禁锢,单凭道德修养的约束;如果周围同类都为利益欲望所左右的时候,个人坚守往往难以抵御这种强大潮流的冲击,于是就不能不被这种潮流所裹挟。一如商业运行:商品交换的每一个环节,如果每一个人都追求自己的最大的利益,整个机制便不可能有效运行,此时个人连最起码的利益也都难以获得;相反,如果以每个人的生存为自我生存的必要条件,以共同的游戏规则作为自我行为的最高准则,唯有实现这种境界,才能说真正实现了人及社会的理性自觉。荀子倡导辨,却不知话语的平等属性;倡导法,却不懂法的普遍性约定原则。自己拥有话语权力,却将这权力交给所谓的圣人,这是典型的授人以柄;自己深受冷落而不知根源,其弟子韩非直接遭受自己创立的霸道学说的戕害而不悟。可悲也夫!

荀子学说让人感到沉重的是,他执著地依照着说理的手段进行着一步步的推证,甚至不惜追溯到根本。但他没有认识到，也不可能认识到：没有自然科学作为根基，就很难建立起归纳法、演绎法、三段论等严密的论证步骤，也不可能获得像商品交易那样的规则程序；他试图以谨严的方法来取胜，甚至在他的表述里边一而再再而三地强调方法的价值力量。如，他在分辨君子和小子区分的时候强调说，人虽生而本性相同，尔后却是"所以求之之道则异矣"，"君子位尊而志恭，心小而道大；所听视者近，而所闻见者远。是何邪？则操术然也"（《不苟》），"故相形不如论心，论心不如择术"（《非相》）。可惜的是，他所采用的方法主要是也是其他诸子多所使用的心理参证法和类推法，故，于体验感悟有余，于科学内涵不足，如："圣人者，以己度者也。故以人度人，以情度情，以类度类，以说度功，以道观尽，古今一也。类不悖，虽久同理"（《非相》），"起于上所以导于下，政令是也；起于下所以忠于上，谋救是也。故君子之行仁也无厌，志好之，行安之，乐言之，故言君子必辩。小辩不如见端，见端不如见本分。小辩而察，见端而明，本分而理，圣人、士君子之分具矣"（《非相》），"分均则不偏，势齐则不壹，众齐则不使。有天有地而上下有差，明王始立而处国有制。夫两贵之不能相事，两贱之不能相使，是天数也。势位齐，而欲恶同，物不能澹，则必争；争则必乱，乱则穷矣。先王恶其乱也，故制礼义以分之，使有贫、富、贵、贱之等，足以相兼临者，是养天下之本也。《书》曰：'维齐非齐。'此之谓也"（《王制》），"君臣、父子、兄弟、夫妇，始则终，终则始，与天地同理，与万世同久，夫是之谓大本"（《王制》），"有法者以法行，无法者以类举。以其本知其末，以其左知其右。凡百事，异理而相守也。庆赏刑罚，通类而后应。政教习俗，相顺而后行"（《大略》），"以近知远，以一知万，以微知明"（《非相》）。内心感悟的方法，往往是一种直觉体验，很难说有多少知性的因素；而类推法，于相似性比喻当然进了一步，然它多用来说明甲物和乙物之间的相关性，至于它们之间是否具有本质上的一致性，就很难讲了。比如他讲圣人之所以为圣人，往往由环境使然，举例说："越人安越，楚人安楚，君子安雅；是非知能材性然也，是注错习俗之节异也"（《荣辱》），就很有代表性。如果有人问：难道越人、楚人均非君子，华夏之地都是这样的道德高超之人？其荒谬不言而喻。说"蓬生麻中，不扶而直；白沙在涅，与之俱黑"（《劝学》），强调环境的重要性，可以；如果强调过了头，必然导致循环论证：不同的人类社会环境又是怎样形成的呢？这就是类推法极容易产生的弊端：个别对个别，很难归纳出普遍性的原理。所以，荀子的话语，比起其他诸子，强化论证的充分性与方法的价值力量，十分难得；然其浅近罅漏也十分明显，足以为戒。

不能不说，荀子强调"辩"，强调分析，强调言辞的精密，在细处方面，仍给人们提供了可贵的范例。比如说，他的学说根本点在于"尚贤使能，等贵贱，分亲疏，序长幼"（《君子》）。但他又认为，这客观上是为了整个社会，并非为了统治者的荣禄："天之生民，非为君也；天之立君，以为民也，故古者，列地建国，非以贵诸侯而已；列官职，差爵禄，非以尊大夫而已。"(《大略》)统治者也并非尽善尽美:"虽为天子,欲不可尽。欲虽不可尽,可以近尽也;欲虽不可去,求可节也。"(《正名》)礼法虽为圣人君子制定,但这种礼法制度是为适应社会需要而确立的准则,不能是他们个人意志的体现,并且他们也得受制于它们的约束:"公输不能加于绳,圣人莫能加于礼。礼者,众人法而不知,圣人法而知之。"(《法行》)人们应该将理性与私欲区别开来,应该张扬前者,克制后者:"治乱在于心之所可,亡于情之所欲。"(《正名》)特别是要将似是而非的东西精细地区别开来:"可以有夺人国,不可以有夺人天下;可以有劫国,不可以有窃天下也。"(《正论》)

荀子的话语是说理的,一如他在《大略》中所言:"善学者尽其理,善行者究其难。"并且宣称:"君子立志如穷,虽天子、三公问正,以是非对。"他对儒家学说的阐发,既不像孔子的表述那样简约敦厚,也不像孟子那样咄咄逼人,而是严正辨析,不避繁难,穷根究底。其态度是值得敬重的。因为问题关乎人类本质的思考,加之当时整个社会思想的局限,自身思辨的缺陷,其负效应也使人们深深的遗憾。

五、修辞学理论建设上的思考

两千多年前我国的先秦与古希腊,不同的文化定位,于科学理念的建立有着偌大的差度。诸子百家没有经历自然科学经验的铺垫,将"经世济民"既当作出发点又当作所有努力的全部内容,那么,真正能达至目的的途径与方法就只剩下个"文治教化"。事实上,自然与社会,对于人类社会的认识追求来说,对于科学来说,是不可分割的。特别是对于自然界的分析,能够培养起唯物主义的认识起点,对象结构组织的客观性和规律也可以增进人们认识的有序性和思维的逻辑性,对于科学精神的塑造有着不可逾越的价值。在古希腊不太长的历史时间里边,即经历了本体论到主体论的转变,进而提升到哲学层面,这里边即透现了理性认识的合理过程。先秦的思想家们,定位不确,看起来格调崇高,如《吕氏春秋·察微》中说:"使治乱存亡若高山之与深溪,若白垩之与黑漆,则无所用智,虽愚犹可矣。且治乱存亡则不然,如可知、如可不知,如可见、如可不见。故智士贤者相与积心愁虑以求之,犹尚有管叔、蔡叔之事与东夷八国不听之谋。故治乱存亡,其始若秋毫。察其秋毫,则大物不过矣。"放弃对客观事物认识的追寻,这对民族科学意识的铸造、严谨思维形式的历练则有着极大的负效应。当然,这其中也有值得重视的科学意识的闪现。如墨子,其著述《墨经》就以定义的严谨和分辨的清晰,完全可以说已经呈现出科学的曙光。可是政治上的争强斗狠,儒道法三家的围剿,人们普遍的功利性,很快便使它没了存在的可能性。名家纯粹思辨的是语言哲学,荀子也有纯正社会语言学理论的建立。然而像后者具有明晰宏观思路的大家,因为过于因循,过于热衷于"君子务本",其结果将这科学的萌芽也给扼杀了。

对于具体学科来说,情况或许会有所不同。科学从本质上说应该是思想意识体系,是最高层次上的哲学方法论。古埃及等文明之所以会埋灭,唯有金字塔高高耸立,就在于它没有这种最高层次的文化精神;古希腊之所以成为西方文明的摇篮,就在于有柏拉图、亚里士多德等这方面的卓越建树。但与此同时,古希腊文化也不能说以哲学所统领的所有具体的学科都已完全建立,表现在这些卓越思想家身上的,也有极其矛盾的一面,他们理论上的偏颇也会给特定的学科带来巨大的伤害。比如柏拉图对当时本体修辞学的极端鄙视,亚里士多德《修辞学》过度执著于对主体心理的研讨,其负效应之巨大,一直影响到了今天。可以说,西方修辞学一直没能成为主流文化中为人们普遍承认的科学,与他们当时的定位不无关系。相反,中国先秦时期的诸子百家们,人文精神充沛英迈,言谈行文流光溢彩,关注语言的社会效用,使他们对于言语的功能及其美学效应给予了丰富的总结描述。历代以降,这种传统倒是越发积厚。到了陈骙的《文则》问世,即标志着中国修辞学达到成熟,其中对语言本体的描写,实具有相当扎实的科学内涵。因此,对于具体的学科来说,完全不必自惭形秽。如果找特色的话,这一特色倒是足以自豪的,如果有值得弘扬的文化的话,这修辞学的传统完全是厚重的一项内容。

问题在于需要我们好好地给予总结,并以新的科学理论给它注入更强劲的生机。

参考文献:

［1］冯友兰(1984).《三松堂学术论文集》.上海:三联书店.

［2］吴文璋(1996).从荀子哲学探讨为什么中国没有科学——兼论科学如何在生命中生根.《成大中文学报》4.

［3］斯蒂芬(1977).《自然科学史》.上海:上海出版社.

［4］培根(1984).《新工具》.北京:商务印书馆.

［5］刘烨编译(2005).《帕斯卡尔思想录》.北京:中国电影出版社.

［6］北京大学哲学系外国哲学史教研室编译(1961).《古希腊罗马哲学》.北京:商务印书馆.

Investigating the Orientation of Chinese Traditional Lingustics and Culture from the perspective of Xun zi's Rectification of Name

Abstract：The rectification of Name takes up an important position in Xun Zi's works，which not only reflects his major thinking on 'emphasis on courtesy and law'，but also closely associates with his systematic thoughts on linguistics. Among the pre-Qin philosophers，Xun Zi contributes unique ideas to Chinese linguistics，which are still influential today. Xun Zi puts forth a series of theories on why and how to 'nominalize language' and 'make language literarily graceful'. Enlightened by Xun Zi's thought on rhetorics，this paper makes a comparison and evaluation，from the angle of philosophical culture，on the theoretical construction of rhetorics during the pre-Qin period and ancient Greek.

Key words：Xun Zi；emphasis on courtesy and law；formulation of names；emphasis on literary grace；linguistic philosophy

作者简介

崔应贤(1955—　),男,河南师范大学文学院教授,中国文章学研究会副会长,中国修辞学会常务理事,河南省语言学会副会长,出版著作 10 部(含专著、主编、合作),发表论文 70 余篇,主持完成国家哲学社会科学课题 2 项。邮箱：cuiyingxian@sohu.com。

从当代民谣看中国大众话语

◎ 曾祥喜

湖北大学

摘　要　当代民谣保留了原生态的大众话语本色。本文在当代民谣数量化研究的基础上,对当代民谣话语进行词语意义、词语表达以及互文性阐释,从当代中国民谣的生产和消费过程探讨当代民众的话语主题、表达方式及其文化意义。当代中国民谣的大众化过程在一定程度上表现出大众话语后现代化的时代趋势。

关键词　民谣;话语;互文性

随着我国社会进入急剧变革的转型期,社会利益格局发生了剧烈变化,社会组织形式及社会结构的变革,尤其是就业结构的变革,产生了一系列的社会矛盾和问题,诸如贫富悬殊加大、社会财富流失、腐败现象滋生等等。同时,中国当代意识形态领域民主化进程不断加快,各种非主流话语空间相对较广,话语表达渠道多样化,这都使得作为民间大众话语的民谣的表达具有了生存的可能性。作为社会情绪反映的民谣,理所当然地表达了对当代中国时政的民间话语。尽管这种表达有非理性的、消极的、颓废的、反主流的因素,但无论如何,它是一种客观存在的民间话语,是当代中国民众草根意识的表现。民谣的这种"民众意识"或"草根意识"成为中国话语历史中稀有而独特的民众话语本色,普罗大众在民谣的生产、解释和消费过程中发挥了本体和载体的作用,民众的本体意识在民谣中得到了尽情的宣泄。

本论文语料来源于《现代流行民谣》[①](远方出版社 2001 年 3 月出版),作者署名甄言。本论文民谣资料限于该民谣集中除"足球篇"和少量"校园篇"外的大部分民谣。拟以当代中国民谣文本的数量化分析为基础,从话语的词语意义、词语表达以及互文性的话语

---

① 笔者通过互联网查阅了相关信息,远方出版社没有出版该民谣集,这部民谣集可能是盗号的地下出版物。目前,民谣集基本上没有官方正式出版发行的版本。纸质版本的民谣也仅限于此集和《当代民谣》(香港明镜出版)。同时,从该书的校对上看,错、讹、漏等现象相当多。从编排体系上看,也不严谨规范,有的民谣有标题,有的却没有,因而无法准确统计该民谣集中的民谣数量。但因其保留了民间原生态色彩,故本论文仍将此民谣集作为唯一的资料来源。

阐释角度对民谣文本进行分析,从而归纳出中国当代民谣的话语特点,探讨中国当代民众的话语主题和表达方式。

一、现代民谣文本的词语使用频率分析

本论文所分析的民谣共计汉字 45115 个。笔者采用了以"易五码"技术为基础的分词软件[①],对文本进行分词处理并加以人工干预。有关"词"的判断以《现代汉语词典》(中国社会科学院语言研究所,商务印书馆 2002 年版)为标准,另保留一定的固定短语和类固定短语。

1. 词频统计分析

该文本 45115 个汉字共计词语 7271 个,总频次为 24259,平均词频为 3.3364,平均词长为 1.8597。词长与现代汉语一般文本的词长基本一致。

通过统计分析可以得知,94.705% 的词语分布率为 52.117%,也就是说,约 95% 的词语使用频率不足 10 次,词语数量大,但分布却不广。与此相反的是,有 0.7% 的词语使用频率占总频次的 28.68%,占总文本的三分之一,高频词集中,且分布较广;另有 4.5% 的词语其词频也接近 20%。本论文将此类高频词作为本论文的研究范围。

2. 高频词语的使用情况

为了与现代汉语其他文本进行比较,笔者将教育部语言文字应用研究所的国家语委现代汉语语料库[②]作为一个参照系。笔者将现代民谣文本中频次排序在前 96 的词语与上述语料库的相同词语进行比较分析。分析点立足于它们在各自文本(库)中的词频次。现代民谣以文本总字数 45115 为计算基础,语料库以目前公布的 2000 万字的语料库字数为基础。

我们以语料库为参照系,通过统计分析可知,这些高频词或次高频词各自平均分布率分别是 0.347952% 和 0.215531%,现代民谣中的这些高频词与一般性文本中的出现几率

---

① 此软件是湖北大学教师付正刚先生在湖北大学教授易洪川研究发明的"易五码查字法"(获国家专利)技术基础上开发的自动分词软件。

② 见 http://124.207.106.21:8080/。(中国语言文字网教育部语言文字应用研究所国家语委语料库)

国家语委语料库是一个大型的通用的语料库,作为国家级语料库,在汉语语料库系统开发技术上具有国际领先水平,在语料可靠、标注准确等方面具有权威性。其选材有足够的时间跨度,语料抽样合理、分布均匀、比例适当,能够比较科学地反映现代汉语全貌。国家语委现代汉语语料库由人文与社会科学、自然科学及综合三个大类约 40 个小类组成。该语料库所选文本从 1919 年至 2002 年,目前公布的语料库大约有 2000 万字。可以说,这个语料库的文本体现了现代汉语具有普遍性、一般性文本的词语基本使用特点。

差别甚小,仅有 1.61439%。但两者分布率之比平均却高达 104.6291 倍之多,这说明上述词语在现代民谣文本和语料库中的分布率绝对差异非常大,最高达近 800 倍。另一方面,上述高频词和次高频词在现代民谣中的总分布率是 35.364%,超过了三分之一;而相同词语在语料库文本中总分布率只占总文本的 1.175%。上述现代民谣文本中的高频词和次高频词出现率与语料库文本出现率相比超过 100 倍的词语高达 22 个,可以说这些词语代表的现代民谣文本的词语使用倾向,集中表达了民众话语的词语频率特征,或者说,这些高频词语体现了现代民谣的用语特征。

现代民谣文本中的高频词语在分布上与语料库文本分布上出现大幅度差异(100 倍)的词语依次是:

炒 喝 怕 男人 假 算 酒 网 越 权 拍 钱 吃

忙 难 办 年代 行 干 少 干部 别

等 22 个词语。其中,动词 8 个,名词 7 个,形容词 5 个,副词 2 个。从话语表达来看,这些动词、名词和形容,充分体现了现代民谣的基本主题或焦点。本论文暂以"吃"、"喝"、"酒"以及"男人"等词语为对象分析当代民谣的"食色"话语主题。

二、现代民谣的高频词语意义及表达方式

1. "喝"在现代民谣中的应用(其分布率与语料库文本相比高达 315 倍,在现代民谣文本中出现了 128 次):

单音节词"喝"义项有二:① 特指喝酒,124 例。② 把液体或流食咽下去,4 例。除此之外,还有复合式词语和类固定短语,"吃喝费"、"吃喝嫖赌舞"、"吃喝玩乐""吃喝玩乐者"、"吃喝星"、"喝光"、"喝醉"各 1 例,"吃饱喝足"2 例,"大吃大喝"3 例,"吃吃喝喝"、"吃喝风"、"吃喝嫖赌"各 4 例,"吃喝"13 例,"喝酒"15 例。

2. "吃"在现代民谣中的应用(其分布率与语料库文本相比高达 145 倍,在现代民谣文本中出现了 138 次):

单音节词"吃"在现代民谣中,义项有三:① 把食物等放到嘴里经过咀嚼咽下去,共 105 例。其中,单用 50 例;作宾语,"请吃",22 例;并举应用,16 例;"吃"+宾语,3 例;"吃"+补语,16 例;"吃"+中心语,1 例。② 依靠某种事物来生活,29 例,多为依靠某种权势"吃公"。③ 在某一出售食物的地方;按某种标准吃,共 4 例。

除此之外,还有复合式词语或短语,如"吃瘪"、"吃不开"、"吃醋"、"吃得开"、"吃掉"、"吃喝费"、"吃喝嫖赌舞"、"吃喝玩乐"、"吃喝玩乐者"、"吃喝星"、"吃皇粮"、"吃苦"、"吃苦头"、"吃垮"、"吃拿卡要"、"吃堑"、"吃素"、"吃香"各 1 例,"靠啥吃啥"、"靠山吃山"、"靠水

吃水"各 1 例,"吃饱喝足"、"吃出"、"吃菜"、"吃回扣"各 2 例,"白吃"3 例,"大吃大喝"3 例,"吃吃喝喝"、"吃喝风"、"吃喝嫖赌"各 4 例,吃亏 6 例,吃药 7 例,吃饭 12 例,吃喝 13 例。

3. "酒"在现代民谣中的应用(其分布率与语料库文本相比高达 217 倍,在现代民谣文本中出现了 40 次):

单音节词"酒"只有一个义项(除用作姓氏外)。在现代民谣文本中,均单用。

"酒"用作复合式结构词语中一个语素,共 73 例。偏正结构中心语素,"川酒"、"老酒"、"烧酒"、"水酒"、"药酒""喜酒"、"美酒"、"名酒"、"假酒"等各 1 例,"好酒"、"红酒"、"黄酒"、"烈酒"等各 2 例,"白酒"4 例,"小酒"5 例;偏正结构中的修饰语素,"酒场"、"酒德"、"酒风"等各 1 例,"酒店"、"酒鬼"、"酒精"、"酒量"、"酒楼"、"酒桌"等各 2 例,"酒席"3 例,"酒瓶"4 例,"酒杯"6 例;用于联合结构中:"酒肉"、"酒烟"、"烟酒茶"各 1 例,"烟酒"4 例;用于动宾结构中:"买酒"、"酗酒"各 1 例,"喝酒"15 例;用于短语中:"酒逢知己"、"酒肉先行"、"觥筹美酒"、"花天酒地"、"下酒菜"等各 1 例。另有 7 例"酒"作为语素中的一个音节,"酒吧"、"啤酒"等各 3 例,"啤酒肚"1 例。

在上述所列举单音节词"喝"、"吃"和"酒"的高频基础上,如果我们再将复合词语中的作为语素的现象也一并考虑,出现该语素或词的频率更高,分布更广。

4. "男人"在现代民谣中的应用(其分布率与语料库文本相比高达 274 倍,在现代民谣文本中共出现 62 次):

单用,1 例;主谓短语中的主语部分,34 例;偏正结构中的修饰语,5 例;偏正结构中的中心语,18 例;联合短语结构,3 例;介词短语结构,1 例。从上述组合可以看出,"男人"大多作为话语的主题或焦点出现。

"男人"一词的高频出现最主要的原因是当前所谓的"情色"文化的流行。如果我们把"女人"(33 例,分布率之比达 88 倍)一词也一并加以考虑,这一点更明显。"荤"段子下酒成为当代中国"吃喝风"中的一道"调味剂"。

三、现代民谣文本内的互文性阐释

文本的生产和文本的解释,存在着具有特殊意义的"社会认识的"方向(费尔克拉夫,2003:74)。由于文本的生产和消费过程都是社会性的,这些高频词的解释或消费也需要我们再回到文本中来,需要我们关联到话语产生的经济政治等社会背景来理解话语本身。

1. "吃"、"喝"和"酒"文本解读

"吃喝"风靡全国。"工农商学兵,都刮吃喝风,东西南北中,无处不吃公","夜夜客常满,日日酒不空,喝来又喝去,都是喝阿'公'","团结你我他,共同吃国家。你吃他也吃,为何我不吃？不吃白不吃，吃了也白吃。白吃谁不吃，白痴才不吃"，"下去视察请吃，上来汇报请吃，干部上任请吃，人员请调请吃，公司开张请吃，企业倒闭请吃，项目上马请吃，工程下马请吃，道路破土请吃，道路竣工请吃，会议开幕请吃，会议闭幕请吃"，"致富请吃，扶贫请吃，庆功请吃，挨罚请吃，认捐请吃，救济请吃"，"节庆请吃，没有节庆弄个节庆也吃"，"一天两顿喝，不喝就难受。越喝越能喝，不醉不罢手"。

"吃喝"是当代国人重要公关手段。"公关公关，无酒不沾，友谊友谊，酒来垫底"，"兵马未动，酒肉先行。个个灌醉，路路打通"，"不吃又不喝，经济难搞活"，"小吃小办，大吃大办，好吃好办，不吃不办"，"酒杯一端，政策放宽，筷子一举，可以可以，吱溜一响，有话好讲，香烟一衔，各事好谈"，"酒足饭停，不行也行。饭饱酒醉，不对也对"。"吃喝"也是当代中国人衡量人际关系亲疏远近和人品高低的重要尺度。"感情深，一口闷，感情浅，舔一舔。感情薄，喝不着。感情厚，喝不够。感情铁，喝出血"，"酒逢知己千杯少，能喝多少算多少。喝多喝少要喝好，会喝不喝就不好"。

"吃喝"也成为当代中国干部莅选的一个重要标准。"一口全喝光，这样的干部能沾光；一口喝一半，这样的干部再锻炼"，"能喝八两喝一斤，这样的同志可放心。能喝一斤喝八两，这样的同志要培养。能喝白酒喝啤酒，这样的同志要调走。能喝啤酒喝饮料，这样的同志不能要"。因为"吃喝"是革命的象征，"甘为革命献肠胃，革命的小酒天天醉"，"吃喝为了本单位"，"只要为集体，咋喝咋有理"，"不贪污，不受贿，吃吃喝喝有啥罪？不吃不喝，怎么工作"，"只要两袖清风，何惧一肚子酒精"。无论这类民谣以干部口吻自嘲或普通民众口吻讥讽，都说明了"吃喝"是当代民众话语的最主要的焦点。

"吃喝风"后果惊人。对于个人来说，"喝红了眼睛喝坏了胃，喝得手软脚也软，喝得记忆大减退"，"喝得伤肝又伤胃，喝得姑娘呸呸呸，喝得老婆背靠背"。对于国家来说，"喝坏了党风喝坏了胃，喝得群众翻白眼，喝得机关没经费"，"吃光贷款吃财政，吃光财政吃商品，吃光商品吃设备，吃光设备吃柜台，吃光柜台吃土地，吃光土地吃自己"，"若是派到台湾去，保证吃垮国民党"。

中国的"吃喝风"应当说有深厚的政治和文化渊源，"民以食为天"、"食色，性也"等等都为中国人"吃喝风"的盛行提供了诸多理论上和文化上的依据。"吃喝风"之盛的主要原因在于公款吃喝。从深层次看，我们的一些体制性弊端也助长了公款吃喝风的蔓延。比如：财政的约束体制太软，财政支出随意性很大（余丰慧，2004）。余氏评论是针对《北京青年报》2004 年 11 月 1 日周健伟、黄会清《贫困县吃出 5000 张白条》一文所引发的。据报道国家级贫困县宁夏同心县 100 多家党政机关单位和部门，在当地一家"新月楼"餐馆欠账吃喝，历时十余年，吃喝白条竟近 5000 张，拖欠金额高达 80 多万元。正如民谣中所言，"早吃晚也吃，有客陪着吃，没客自己吃，有钱大胆吃，没钱赊着吃"。曾经艰苦奋斗的优良传统时至今日,已荡然无存。事实上,这种体制性的缺陷导致了集体财产权虚设、国有财产产权虚设的不正常现象,如网络上流行的民谣《新四项基本原则》,"吸烟基本靠送,喝酒基本靠贡,工资基本不动,老婆基本不用",领导干部们的"工资基本不动"靠的是灰色收入,而其大多来自于集体或国有财产,从严格意义上说,"吃喝"是一种隐性侵吞国有或集体财产的行为。

2. "男人"的文本解读

总体上看,现代民谣对于"男人"的阐释具有它独特的视角——"情色"。

"男人"在现代民谣的界定,"男人二十岁叫奔腾;男人十岁叫日立;男人四十岁叫正大;男人五十岁叫松下;男人六十岁叫微软;男人七十岁叫联想"。否定性的界定从另一个角度对"男人"进行了诠释,"男人不坏,有点变态;男人不骚,是个草包;男人不花心,绝对有神经;男人不流氓,发育不正常"。

男人的追求和理想不再具有任何的积极意义,同时也富于情色色彩,"大奶的胸怀,二奶的脸盘,情人的激情,小姐的随便","天上纷纷掉钞票,美男个个都死掉。美女脑子都坏掉,哭着喊着要我泡"。现代潇洒男人的标准则是"二两三两咪咪,三步四步跳跳,五梭六梭摸摸,七嘴八舌搭搭,九万十万拿拿",能喝酒,能跳舞,能打牌,能说话,还能挣钱,吃喝玩乐赌似乎成了他们人生的终极目标。

"男人"一词在现代民谣中的高频应用似乎昭示着"情色时代"①的到来,现代民谣中有大量"情色"民谣,从文本数量上看,它并不少于政治民谣。但现代民众对这两类民谣主观态度明显不同。政治民谣一般多停留在对不合理现象讽刺和嘲弄,反社会的倾向不明显,更没有涉及政治体制;而对"情色"的泛滥,现代民众多抱以戏谑和玩味的态度。物欲横流,激情泛滥,曾经富于美好色彩的爱情也成为情色时代的游戏,爱情在现代民谣中也是一受嘲讽的对象,"天若有情天亦老,人若有情死得早"。"情色"也成为当代失业工人再就业的手段,"下岗女工不落泪,挺胸走进夜总会,谁说我们无地位,昨天还陪书记睡","猛男失业莫流泪,迈步奔向夜总会。服侍富婆我也会,不靠政府靠社会。有吃有喝有小费,谁说男人没地位"。如《应征女郎口号》所言,"不占地,不占房,工作只需一张床。没噪音,没污染,促进经济大发展","情色"再就业工程理由十足。

四、现代民谣文本的互文性

"互文性"也称"文本间交互性"(intertextuality),是话语分析的一个重要方面,也是

---

① 通过 Google 搜索,包含该词语的页面共有 2100000,时间:2008 - 8 - 18。

当前许多话语分析者的突出关注点。费尔克拉夫认为"互文性"是文本所具有的属性，即"一些文本充满着其他一些文本的片段，它们可以被明确地区分或融合，而文本也可以对它们进行加以吸收，与之发生矛盾，讥讽性地回应它们，等等"（费尔克拉夫，2003）。费氏将"互文性"区分为"明确的互文性"（manifest intertextuality）和"构建的互文性"（interdiscoursivity），前者指特定的其他文本公开地被利用到一个文本之中，有来自特定的其他文本的异质的文本结构；后者指按照话语秩序重要性的原则方向扩展了互文性，有来自话语秩序要素（各种习俗）的异质的文本结构。

当代民谣文本中所表现出的"互文性"既有"明确的互文性"的一面，也有"构建的互文性"的一面。在它的话语实践过程中，其生产文本、解释文本和消费文本过程，包括其成员资源，都可以从"构建的互文性"和"明确的互文性"方面加以分析。

1. 现代民谣的话语生产者及其"构建的互文性"

作为当代民众话语文本的现代民谣，它的话语的"构建的互文性"可以从其成员来源和意识形态的构建上进行分析。现代民谣文本的话语生产者与其他文本相比，它的特殊性在于它是不具名的社会群体。民谣生产来源于社会底层，而且绝大多数在传播过程中，不断地被再创作，其作者具有明显的群体特征。当然每一个具体的文本都有相应的原创者，但不署名的原因在于民谣是一种群众性的社会评价，而且是一种否定的社会舆论，"是社会舆论受到社会挤压后的非体制性产物"（祝兴平，2002）。民谣的非体制性或非合法化使得民谣不署名成为一种必然。民谣的创作主体多为普遍民众，他们的社会地位或角色决定了他们的反权力或反权威性的特点，因而他们在话语表达方式上，多采取了一种"戏谑"式态度，通过富含一定思想精神的话语实现其意识形态的建构，以完成他们对政治制度、社会秩序、道德伦理的冲击与抗争。这种强烈的具有一定意识形态建构色彩的话语，其话语实践大多采用诙谐讽刺作为主要的话语表达手段，通过这种"委婉的反抗"以避开直接式对抗，从而消解话语权力不平等所带来的压力。身处社会底层的普通民众，虽然都能意识到他们话语的"卑微性"，但也竭力表现出其话语的社会"干预性"，特别是对社会政治道德伦理等现象的干预。民谣话语的"干预性"体现在具有一定反思性色彩的否定形式，特别是对政风的评价呈现明显的否定色彩，而鲜有肯定性的评价。但无论怎样的否定，都不会涉及国家政治体制系统，从本质上说，并不具反社会性。

现代民谣对社会秩序的抗争表现之一就是对社会等级秩序的反讽。从历史的角度看，中国素有等级制的文化因子和历史事实，其影响及于当代普遍民众也不可小觑。同时，由于他们的社会角色不断被主流阶层边缘化，对现有社会秩序的反思使得民众存在着普遍的社会挫折感、厌恶感以及社会抵抗心理，因社会转型而带来的社会贫富不均的加大，进一步加大了弱势群体的仇富心理。他们通过文本的生产或再生产，对当代不同的社会群体进行等级划分,诸如六等男人、男人的等级、十等网民、吃饭三等人、十等公民、十五等人、新三等人、五等烟民、四等儿女、四等爸爸、四等秘书、五等记者、七等司机等等,以肯定式的等级话语方式表达对当代社会等级状况的反省,这种袭用传统等级方式的话语表达是对其所处社会地位的一种既迷惘又激愤的社会抵抗,也是对自己日益边缘化的社会角色的一种挣扎。这其中既包含着浓重的群体感和认同感,也潜藏着当代社会大众或平民阶层的集体无意识。

2. 现代民谣的话语生产消费过程及其"明确的互文性"

不同文本之间相互影响、相互交融的关系是普遍存在的,因而对于话语或文本分析而言,仅在文本内部寻求其意义显然是不够的,而应该关注文本之间的相互影响。因为在某个文本生产或组织之前,就已有若干文本存在了,这是前人创造并流传下来的文本。如果我们不重视这种"互文性",不把现有文本放进与已有文本的复杂关系中去理解,那就很难完全理会新的文本的全部涵义。

在现代民谣的生产、再生产和消费过程中,"明确的互文性"的突出表现就是对权威或权势文本/话语的"戏仿"。"新民谣中的仿拟是一种文化认同与叛逆的协调结果,就是说仿拟既想借助现成语句的表现力和影响力,又想表现自己的别出心裁,又想吐露民众的心声。"(侯友兰,2003)因此,他们仿拟那些曾经对他们具有深刻影响的文本或话语,在权势文本中进行自己的话语生产,阐释本群体的话语主题。上述仿拟文本无论是篇章的套用还是句式的借用,传达的仍然是本文所论述民众话语的焦点,吃喝风、拜金主义、情色主义、商业炒作是他们共同的意识存在的关注,少量涉及网络、教育、体育等方面的社会问题。

在仿拟之作中,具有深刻影响意义的仿作当属仿毛泽东的诗作。在现代民谣文本中有两首都是仿《沁园春·雪》。我们说它是仿毛泽东,而不是一般意义"沁园春"词的创作,除了词创作所要求的篇章结构上的一致外,更关键性的因素是因为文本基本上借用毛泽东的句式。如戏仿《七律/长征》的新《长征》,"喝酒不怕远征难,万水千山只等闲。五粮茅台腾细浪,乌龟螃蟹煮鱼丸。三步四步心口暖,麻将桌前五更寒。更喜小姐白如雪,三陪过后尽开颜",不仅其韵相和,句式也基本相同,"红军"已不再是歌颂对象,大众话语焦点集中于当前的"吃喝风"——"喝酒",辅之以"五粮茅台"、"乌龟螃蟹"、"鱼丸"等大吃大喝,酒饱饭足之余,"三步四步"(跳舞)、"麻将"(赌博)等再次让人发挥余兴,最后进入话语的是美貌年轻的"小姐"们,"三陪过后尽开颜"。现在的"吃"、"喝"、"赌"、"舞"、"嫖"已成为当代某些干部们新的"长征"。

由时代变迁而形成的多元化话语是当代社会包括中国社会发展的必然。中国社会在改革前,"政治文化从整体上说是大一统或均质的政治文化";改革后,"以大众或公民政治文化为代表的亚政治文化迅速崛起,并与主导政治文化出现差距,产生摩擦甚至矛盾"(庞洪镇,1997)。由亚政治文化而带来的意识形态控制弱化和不同亚文化的崛起,给民众提供了一个较为相对密切宽松而广阔的话语平台,文化由高度一统化逐渐转变为多元化的异质格局。当代民众在这种众声喧哗中既充分的展现了自己的话语,也对此多元文化现象作出自己的归纳。在现代民谣中,有一首《书名》全是引用当代流行小说或读物书名创作而成的:

> 我爷爷是地主,妻妾成群,丰乳肥臀,看上去很美。
>
> 我是日军翻译,同居在中国,混在北京,话说青楼,美人赠我蒙汗药。
>
> 一场风花雪月的故事,不可言说,声声断断,痛并快乐着,向女人投降。
>
> 前妻俱乐部,外遇中的女人,白天睡觉的女人,透明的女性,欲火黑天鹅,大浴女,美女如云,今晚,你留下陪我吗。
>
> 不可靠的男人们,和女人面对面,爱,你准备好了吗,亲爱的你呀,爱情不插电。
>
> 恨女人的男人们和爱他们的女人们,像卫慧一样疯狂,第一次亲密接触,狂花凋零,一地鸡毛,过把瘾就死。
>
> 男人狡黠女人痴,别把隐私亮出来,丢掉你不要的男人,做一回哈佛情人,聪明的女人愚蠢的选择。
>
> 狗日的足球,狗日的粮食,狗日的上班,狗日的出国,狗娘养的战争,男人只对男人说的话。

这则民谣与其他韵文式民谣不同,不再是一种顺口溜形式的文本,与其他"戏仿"也不同,它是一则实实在在的"拼贴"文本,它以同类主题作为文本每一段落的连贯点,提示了当代流行文化的或者说当代媚俗文化的主要话语焦点,这些小说文本和民谣共同制造了一种时尚的、不无怪诞意味的大众趣味,昭示出中国90年代后多元化文化的中最具有冲击力的流行格局。其文本的语言风格,正如戴锦华总结中国90年代文化"失语"症的主要表征:"一种躁动的、有如精神病患者的谵妄式的语词涌流",在抚慰与宣泄之间,在消解与重构之间,当代民众的透视法被渲染上了一层迷蒙的暧昧色调,也通过现代民谣再一次扩大了情色话语的张力。90年代初的中国文化艺术界,经历着一个王朔或《一点正经也没有》式的滔滔不绝的"失语",王朔"成为90年代第一文化流行","90年代初的王朔及王朔一族,颇似萨满教中巫师,以其似谵妄语流提供的过剩的能指;凭借它们,人们试图组织起社会性的、无名/匿名的创伤与焦虑;而且为个中人所不自知的是,这一过程本身亦悄然地完成着由80年代中国政治、文化理想/拯救,朝向90年代经济奇迹和物质/经济拯救的现实与话语的转换;完成着由精英文化的'指点江山'朝向大众文化引导建构社会的转换。"(戴锦华,1999)这种转换在现代民谣中也得到强有力的支持和证明,或者说现代民谣暗合这种文化转型潮流,以其"互文性"的方式诠释了当代大众文化的话语主题。

五、余 论

综上所述,当代民众的话语表达既有传统因子承袭的一面,也有非传统或反传统抗争的一面。在现代民谣文本中,话语主题与中国当代社会政治文化变迁中社会热点问题保持着高度的同步,在构建其木位意识形态,即话语生产实践过程中,又与世界性的文化变迁相一致。可以说,当代民谣成功地演绎了后现代社会中出现的社会的市场化、审美的世俗化和文化价值多元化合流的趋势,表现出明显的后现代主义特征。

后现代主义作为一种文化现象来看待,是现代社会发展所面临的后工业化和商品化的一种文化对应状态。后现代主义作为一种生存状态在中国,应是一种较为普遍的文化现象。这种作为一种思想意识形态的文化现象是否影响了当代民谣生产者,因其不可考,笔者这里无法断下结论。但现代民谣生产者或创作者应属于处于社会底层或非权势阶层的群体,表达的是当代中国处于非权势地位的普通民众的共同意识,这与后现代主义大众化倾向在表达意识上是完全暗合的,或者可以说因后现代主义大众化的主张所带来对普罗大众文化发生了浸润式的影响,或者也可以说现代民谣作为一种大众文化成为后现代主义在中国文化的影响的注脚。

与中国传统民谣相比,现代民谣更具有反传统反权威反主流精神,其对意识形态的解构是传统民谣所不曾具备的。民谣的"民众意识"虽构成历史中稀有而独特的民众话语和底层叙事,但"民众意识"的"韧性"与历史中某一类社会事实具有一致性,而且也不是民谣的全部,以《诗经》为代表的古代谣谚是以其代表"民意"为假定的官方话语,其他诸如《古今风谣》、《古谚谣》以及《二十五史谣谚通检》,虽然绝大多数的民谣皆为政治和社会性主题,但"考察这些民谣的内容和产生、传播的背景,我们很难在其中找到一个'民'的完整形象"(向德彩,2008)。在现代民谣文本中可以看到,当代民众试图通过解构主义的方式对主流社会种种潜规则或现象来表达自己的主体意识。从前所论述的高频词使用情况看,当代民众所关注的热点社会问题主要集中在揭露社会政治客体——干部腐败现象,诸如干部吃喝风、炒作风、权钱交易、权色交易等等;另一个焦点则是道德滑坡现象——现代流行的情色文化,男人女人们的情欲放纵、贪欢享乐。

现代民谣文本与后现代主义的合流也表现了试图在解构中完成其意识形态的构建。虽然这种意识的表达并不具备相对科学的建构性,这固然有民谣的"集体的无意识"天性成分因素,但表现在话语中是文本漂浮在嬉戏与玩弄词语,对于所要批讽的对象,无论是腐败现象还是道德问题,其批讽都止于现象的表层直录,玩味文字,文本宛如一意淫场域,如其说是批讽,还不如说是体味这种情色文字所带来的感观上的刺激快感。其对于传统道德的颠覆力量远大于其建构努力,如前"互文性"所论述的,现代民谣中弥漫着浓重的情色描写,表现出享乐主义倾向,物欲化成为这一群体的共同追求。而且在文本中所表现出的如对道德滑坡现象,既不具有理想主义的乌托邦色彩,也不具有理性主义的理智而冷静的评判,相反,其折中主义、去中心化、去等级化倾向在文本中尽情狂欢,因而,使得其构建意识形态的努力显得苍白而无力。当代民众对社会道德的冲击在现代民谣中体现出一种"狂欢式"的纵情。在作为话语实践的意识形态构建中,除了广泛的对现行行政现象的否定外,也尽情放逐了自己"非道德化"的伦理观,实现情感的意淫。尽管由于意识形态构建因其文化资源的局限,表现出形而下的非正常化、散漫式的方式,但它将道德判断在其生产过程中中止,刻意保留出一个具有想象力的空间,创造出一种可即时传播的意淫大场域。

当代民众话语所表现出的解构的功能与建构的意图形成了强烈反差,它贯穿于文本的生产、解释与消费整个过程,文本的生产、解释与消费已无法严格区分,文本流行的同时也就是在文本消费过程中对所传播的文本进行了再生产,这种再生产也进一步刺激了文本的消费。对于社会诸多现象的揭示缺乏批判精神,表现在话语中是文本漂浮在嬉戏与玩弄词语,其批讽也止于现象的表层直录,与其说是批讽,还不如说是在体味这种享乐及情色文字所带来的感观上的刺激快感。因此,现代民谣文本或者说当代中国民众话语不再具有建构意义,他们在一定程度上是为解构而解构。

参考文献

［1］戴锦华(1999).《隐形书写——90 年代中国文化研究》.南京:江苏人民出版社.

［2］侯友兰(2003).新民谣仿拟说略.《绍兴文理学院学报》5.

［3］庞洪镇(1997).现代民谣:一种特殊的政治文化.《社会科学》11.

［4］向德彩(2008).民众意识抑或舆论话语——民谣的民众性论析.《浙江学刊》1.

［5］余丰慧(2004).从贫困县 5000 张白条看吃喝风之盛.http://news.xinhuanet.com/comments/2004-11/01/content_2163935.htm.

［6］祝兴平(2002).转型期民谣与社会舆论评价.《当代传播》3.

［7］费尔克拉夫(Fairclough,2003).《话语与社会变迁》.北京:华夏出版社.

The Analysis of Popular Discourse from the Ballads
in Contemporary China

Abstract：The quintessential character of popular discourse is preserved in contemporary ballads. Based on previous quantitative studies, the present research examines the topics, expressions and cultural significance of contemporary popular discourse in terms of the lexical meaning, forms and their intertextual relationships of contemporary Chinese ballads. The process of popularization of contemporary ballads reflects to a certain extent the social trend of the Chinese post — modern popular discourse.

Key words：ballads；popular discourse；intertextuality

作者简介

曾祥喜,湖北大学文学院副教授,硕士生导师,奥地利维也纳大学在读博士生。主要从事于语言学及应用语言学研究,近年来主要方向为社会语言学、对外汉语教学等。电子邮箱：zxx899@yahoo. com. cn。

汉语语篇赖以生存的赋比兴

◎ 谢韶亮

渭南师范学院

摘　要　汉语语篇的特点在理论上来说还是一个尚未被开发的研究课题,本文将从汉语语篇的本身的传统和汉语自身的理论为出发点对汉语语篇的特点作理论上的探讨,指出汉语语篇遵循着"赋比兴"的结构模式,从形式和意义结构两方面探讨,从而构建汉语语篇分析特有的理论框架。

关键词　汉语语篇;赋比兴;理论模式

引　言

近年来,话语分析,在突破传统的结构主义方法基础上,建立了语境—话语分析模式,形成了一个跨科学和跨领域的新学科,并且受到广泛关注(施旭,2008a,2008b)。话语研究领域在西方的代表主要有 Van Dijk、Halliday、Fairclough、Foucault 等。但是源于西方的话语分析研究,不可避免地带有西方的概念、价值观和方法论传统,基于对这个问题的担忧,施旭(2009)提出了在全球视野下,构建东方话语的研究范式,以应对西方在话语分析领域的意识形态和方法论的独白局面,并且分析了构建东方话语研究范式的基础,例如,在亚洲有 Chen(2006),Miike(2006);非洲有 Krog(2008),Prah(2002)等的研究。另外,当前面对中国语境下的话语研究的首要问题就是中华传统在话语分析中的作用和地位。其实,近年来中华学者已经意识到了"文化语境的西化"、"学舌"和"失语"等问题,以及这类问题为中华文化、世界文化所带来的后果,并"开始考虑在全球化的新语境下如何处理东西文化学术的关系","实现中华文化学术的复兴"(Chen Guoming,2006;钱冠年,2002;曹顺庆,2002;高圣林,2000;Liu Yameng,1996;申小龙,2001;施旭,2008a,2008b;Shi-xu,2009)。

正如施旭(2008b)指出,构建中华话语研究体系的基础之一是"中华传统文化的世界观、思维方式、人生观",例如,天人合一的思想,以及中华传统文化的学术资源,如道家、儒家的思想著作等;并且进一步指出构建中华话语研究范式的四条行动策略,其中第二条指出：重新发现、重新解释、重新表述传统中华学术的概念、理论及方法。本文正是在前人对新范式的建立研究基础之上，提出了赋比兴是汉语语篇赖以生存的方式，主要表现在思维、文化以及更具体的语篇层面。

赋比兴渊源和界定①

赋比兴的概念起源于《诗经》，见载于《周礼·春官》："大师……教六诗：曰风，曰赋，曰比，曰兴，曰雅，曰颂。"随后《毛诗序》又载："故诗有六义焉：一曰风，二曰赋，三曰比，四曰兴，五曰雅，六曰颂。"唐人孔颖达在《毛诗正义》中解释："风、雅、颂者，《诗》篇之异体；赋、比、兴者，《诗》文之异辞耳。……赋、比、兴是《诗》之所用，风、雅、颂是《诗》之成形。用彼三事，成此三事，是故同称为义。"按照孔颖达的理解，风雅颂和赋比兴可分别《诗经》的题材和体裁。换句话说，风雅颂是根据《诗经》内容的分类，赋比兴是《诗经》表现手法的分类。

由于赋比兴概念年代久远，在不同时代学者的理解解释也有所不同。例如，汉代郑众认为："比者，比方于物……兴者，托事于物"（出自《毛诗正义》引），把"比兴"的手法和外在世界的物象联系起来，认为"比"是修辞学中以此物比彼物的比喻手法；"兴"是"起也"，即托诸"草木鸟兽以见意"的一种手法。然而，汉代郑玄又有另外的解释："赋之言铺，直铺陈今之政教善恶。比，见今之失，不敢斥言，取比类以言之。兴，见今之美，嫌于媚谀，取善事以喻劝之。"（出自《毛诗正义》引）

魏晋南北朝时期的挚虞继承了郑众的观点，认为："赋者，敷陈之称也；比者，喻类之言也；兴者，有感之辞也。"（出自《艺文类聚》卷五十六）刘勰认为："比者，附也；兴者，起也。附理者切类以指事，起情者依微以拟议。起情故兴体以立，附理故比例以生。"随后的钟嵘在其著作《诗品》的序言中写道："文已尽而意有余，兴也；因物喻志，比也；直书其事，寓言写物，赋也。"

另外宋代朱熹的观点对后来的影响较大，朱熹在《诗集传》说："兴者先言他物以引起所言之辞。比者，以彼物比此物也。""赋者，敷陈其事，而直言之者也。"

这些早期的关于赋比兴的观点奠定了后人对赋比兴理解的基础②，百度百科对赋比兴下的定义如下：

赋：平铺直叙，开门见山。

---

① 本小节部分参考百度百科——赋比兴，http://baike.baidu.com/view/22505.htm，引用日期 2009 年 9 月 30 日。

② 更多的现代探讨可参见刘怀荣著：《赋比兴与中国诗学研究》，人民出版社 2007 年版。

比：比喻。

兴：托物起兴，先言他物，然后借以联想，引出诗人所要表达的事物、思想、感情。

其中，比，不仅仅是比喻，还指比拟，比较，相对。上述界定也是本文论述的依据。

赋比兴：一种思维方式

思维模式的研究是对比修辞学的研究课题，探讨的是不同文化在信息结构上的异同，并且着重探讨这种异同对第二语言写作的影响。Kaplan（1966）曾指出东方人的思维是螺线形的：

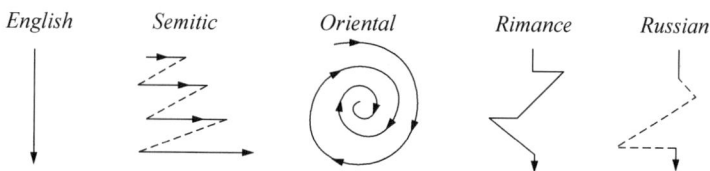

图 1 Cultural thought patterns（Kaplan，1966）

他随后在 *The Anatomy of Rhetoric*：*Prolegomena to A Functional Theory of Rhetoric*（1972）一书中指出这种螺线型的思维方式在中国人以英语作为第二语言写作层面的信息结构表现源自于八股文，并且这个观点也被广泛认可，例如，Connor（1996），Mohan and Lo（1985），Cai（1993），Scollon（1991）等。仅仅将汉语的语篇模式归结为八股文的影响有些牵强和极端，原因在于汉语篇章或以英语作为第二语言的中国作者的文章信息结构，并不仅仅只是螺线型的，同时还包含直接陈述。正如 Connor（1996）所说，对于思维层面的探究需要考虑文化因素包括特定文化的自我、他者认知，社会和社会交往。

赋比兴在汉语篇章形式上的"无重点"的特征是其深层思维方式的体现。汉语篇章的思维方式的最大特点就是比兴思维。比兴作为一种民族的思维方式是有着理论基础的：

在大量研究的基础上，刘怀荣教授提出：赋、比、兴是民族艺术思维的基本方式；赋比兴、诗教、诗言志是中国诗学的三大原生概念，三者不仅同源共生，而且也是后世中国诗学发展的三条主线；诗学史上的一大批重要范畴大都是从赋、比、兴衍生而来或与之有着深层的美学关联；中国哲学史上言意之辨的理论成果在齐梁之后逐渐被诗学所吸收，并与赋比兴汇为一体，对中国诗学的发展产生了重大影响。[①]

---

① 参见《光明日报》，来源：http：//www. gmw. cn/CONTENT/2007-11/26/content_702179. htm，引用日期 2008 年 3 月 3 日。

刘怀荣(2007)年提出的"赋、比、兴是民族艺术思维的基本方式"观点,在本文已被扩展到更广泛的话语思维层面,而不仅仅局限于艺术思维领域。例如,"先礼后兵"的话语行为方式,"三顾茅庐"的行为事件,以及先推辞以示谦恭礼貌,然后才接受的思维行为方式等,都可归纳为赋比兴模式。

另外这种思维方式所表现的话语逻辑也具有中华特征,例如:

[温家宝]:其实,最为重要的就是经过几个月的努力,中国人的心开始暖起来了。我以为,心暖则经济暖,找深知这场金融危机任何国家都不可能独善其身,克服困难也不能脱离国际经济的影响。但是我们懂得一个道理,那就是取火莫若取燧,就是你想祈求得到火不如自己去寻找打火的燧石。寄汲莫若凿井,就是说你想得到水不如自己去凿井。因此,我希望全体中国人都要以自己的暖心来暖中国的经济。谢谢。[①]

温家宝的话语重心是建立信心,而这段话语则明显体现了赋比兴的思维方式,运用了"心暖"则"经济暖"的逻辑,即通过间接的表达引出说话者的主要观点。

赋比兴:一个分析工具[②]

源于西方的语篇分析,所采用的分析理论和方法主要是系统功能语法,Deborah Schiffrin(1994)在她的著作 *Approaches to Discourse* 一书中具体提出了六种方法:speech act theory, interactional socialinguistics, ethnography of communication, pragmatics, conversational analysis, variation analysis。

事实上,语篇分析的进展与方法不可分离,新方法的出现必然是伴随着新的视角,新的视角必然产生新的分析方法,例如 Gee(1999)。当前的分析方法主要是结构主义的或是功能主义的方法。本文以朱自清的一篇散文《春》为例,抽象出赋比兴的功能结构。具体来说,中华语篇的研究参数被设置为赋比兴,并且是基于本文开始的严格界定。赋比兴作为分析工具已经被理解为运算符号。篇章结构为:

① 赋比——→兴

② 赋比——→兴

③ 比赋赋赋——→兴

④ 赋比比赋赋比——→兴

---

① 温家宝:《十一届全国人大二次会议答记者问》,http://www.chinanews.com.cn/gn/news/2009/03-13/1601646.shtml,引用日期 2009 年 9 月 30 日。

② 此处的分析工具的对象是有别于话语(Discourse)的语篇(discourse 或 text)。

⑤ 比赋赋比赋——→兴

⑥ 赋赋比比赋赋赋——→兴

⑦ 比兴,赋比,兴比,赋兴——→兴

⑧ 比兴

⑨ 比兴

⑩ 比兴

符号"——→"表示为"指向",类似于乔姆斯基转换生成语法里的"重写(rewrite)",因此"指向"兴就是此种结构不是直接陈述的,是含蓄的,有所指的。所指向的兴可以是超出文本的"世界"。

因此,上述篇章结构可进一步抽象为:

①赋

②—⑦比

⑧—⑩兴

春

朱自清

① 盼望着,盼望着,东风来了,春天的脚步近了。

② 一切都像刚睡醒的样子,欣欣然张开了眼。山朗润起来了,水长起来了,太阳的脸红起来了。

③ 小草偷偷地从土里钻出来,嫩嫩的,绿绿的。园子里,田野里,瞧去,一大片一大片满是的。坐着,躺着,打两个滚,踢几脚球,赛几趟跑,捉几回迷藏。风轻悄悄的,草绵软软的。

④ 桃树、杏树、梨树,你不让我,我不让你,都开满了花赶趟儿。红的像火,粉的像霞,白的像雪。花里带着甜味,闭了眼,树上仿佛已经满是桃儿、杏儿、梨儿。花下成千成百的蜜蜂嗡嗡地闹着,大小的蝴蝶飞来飞去。野花遍地是:杂样儿,有名字的,没名字的,散在花丛里,像眼睛,像星星,还眨呀眨的。

⑤ "吹面不寒杨柳风",不错的,像母亲的手抚摸着你。风里带来些新翻的泥土的气息,混着青草味,还有各种花的香,都在微微润湿的空气里酝酿。鸟儿将窠巢安在繁花嫩叶当中,高兴起来了,呼朋引伴地卖弄清脆的喉咙,唱出宛转的曲子,与轻风流水应和着。牛背上牧童的短笛,这时候也成天在嘹亮地响。

⑥ 雨是最寻常的,一下就是三两天。可别恼。看,像牛毛,像花针,像细丝,密密地斜织着,人家屋顶上全笼着一层薄烟。树叶子却绿得发亮,小草也青得逼你的眼。傍晚时候,上灯了,一点点黄晕的光,烘托出一片这安静而和平的夜。乡下去,小路上,石桥边,撑起伞慢慢走着的人;还有地里工作的农夫,披着蓑,戴着笠的。他们的草屋,稀稀疏疏的在雨里静默着。

⑦ 天上风筝渐渐多了,地上孩子也多了。城里乡下,家家户户,老老小小,他们也赶趟儿似的,一个个都出来了。舒活舒活筋骨,抖擞抖擞精神,各做各的一份事去,"一年之计在于春";刚起头儿,有的是工夫,有的是希望。

⑧ 春天像刚落地的娃娃,从头到脚都是新的,它生长着。

⑨ 春天像小姑娘,花枝招展的,笑着,走着。

⑩ 春天像健壮的青年,有铁一般的胳膊和腰脚,他领着我们上前去。

赋比兴:作为一种哲学

在上述分析中,可以总结出赋比兴的辩证法是传统中华文化的辩证法,即事物的不可分性,或阴阳思想。认为事物不是孤立的,而是你中有我,我中有你,并且可相互转化。因此赋比兴作为分析工具也具有这个特点,即赋比兴对于具体的语句不是固定不变的,在一段话语内是赋、比、兴,但是在篇章中则又会被抽象为另外的符号;并且,赋比兴结构分析可以跨越文本,延伸到文本—语境层面,通常情况下文本为赋比,语境是兴。这就为文本和语境构筑桥梁,而非使之对立。

另外,从上述分析中,还可以得出赋比兴具有递归性,这个结构就像转化生成语法的规则一样,可以在语篇结构分析中递归,使语篇在文本层面具有不可穷尽性。

这种赋比兴的结构模式,可以解释汉语语篇的直接陈述和间接表达,解决了汉语语篇只有含蓄和委婉的极端分析模式的弊端。

结 论

本文基于传统的中华文化,赋予赋比兴以新的含义即:思维方式、分析工具和哲学,试图为中华语篇分析或话语分析提供新的视角,以响应施旭、陈国明、刘亚猛、曹顺庆等前人的研究,为构建中华话语研究范式以及为中华文化复兴作出贡献。另外,本研究的思想及操作处于开始阶段,该理论有待进一步的精细化。

参考文献

［1］曹顺庆(2002).《跨文化诗学论稿》. 广西：广西师范大学出版社.

［2］高圣林(2000)."鬼谷子"：中国修辞学著作的最早源头——兼与亚里斯多德的"修辞学"比较.《湘潭师范学院学报》21(1)：86 - 89.

［3］刘怀荣(2007).《赋比兴与中国诗学研究》. 北京：人民出版社.

［4］钱冠年(2002).《汉语文化语用学》.北京：清华大学出版社.

［5］申小龙(2002).《汉语语法学》.江苏：江苏教育出版社.

［6］施旭(2008). 话语分析的文化转向：试论建立当代中国话语研究范式的动因、目标和策略.《浙江大学学报》("当代中国话语研究"专栏文章之一)38(1)：131 - 140.

［7］施旭(2008b). 试论构建中华话语研究体系.《当代中国话语研究》,1(1)：1 - 12.

［8］Cai，G.(1993). Beyond Bad Writing：Teaching English Composition to Chinese ESL Students. Paper presented at the College Composition and Communication Conference，San Diego，CA，March.

［9］Chen，G. M.(2006). Asian Communication Studies：What and Where to Now. *The Review of Communication* 6(4)：295 - 311.

［10］Connor，U.(1996). *Contrastive Rhetoric：Cross-cultural Aspects of Second Language Writing*. New York：Cambridge University Press.

［11］Schiffrin，D.(1994). *Approaches to Discourse*. Oxford：Blackwell.

［12］Gee，J. P.(1999). *An Introduction to Discourse Analysis：Theory and Method*. London：Routledge.

［13］Kaplan，R. B.(1966). Cultural Thought Patterns in Intercultural Education. *Language Learning* 16：1 - 20.

［14］Kaplan，R. B.(1972). *The Anatomy of Rhetoric：Prolegomena to A Functional Theory of Rhetoric*. Philadelphia：Center for Curriculum Development.

［15］Krog，A.(2008). "…If It Means He Gets His Humanity Back…" The Worldview Underpinning the South African Truth and Reconciliation Commission. *Journal of Multicultural Discourses* 3(3).

［16］Liu，Yameng.(1996). To Capture the Essence of Chinese Rhetoric：An Anatomy of a Paradigm in Comparative Rhetoric. *Rhetoric Review* 14(2)：318 - 35.

[17] Lu, H. S. (2006). Zhu Ziqing dui Fu bi xin de Yanjiu. *Xueshu Luntan* 190(11): 145 – 148.

[18] Miike, Y. (2006). Non-western Theory in Western Research? An Asiacentric Agenda for Asian Communication Studies. *The Review of Communication* 6(1/2): 431.

[19] Mohan, B. A., and Winnie, A-Y. Lo. (1985). Academic Writing and Chinese Students: Transfer and Development Factors. *TESOL Quarterly* 19(3): 515 – 534.

[20] Prah, K. K. (Ed.) (2002). *Rehabilitating African Languages*. Cape Town, South Africa: The Centre for Advanced Studies of African Society (CASAS).

[21] Shi-xu. (2009). Reconstructing Eastern Paradigms of Discourse Studies. *Journal of Multicultural Discourses* 4(1): 29 – 48.

[22] Sollon, R. (1991). Right Legs and One Elbow: Stance and Structure in Chinese English Compositions. Paper presented at International Reading Association, Second North American Conference on Adult and Adolescent Literacy, Banff, March 21.

Fu，Bi，Xing：The Chinese Discourse Lives By

Abstract：The characteristics of Chinese texts are still largely an unexplored area of research. The present paper attempts to identify such features from the viewpoint of the tradition of Chinese texts and Chinese linguistic theory. It argues that the Chinese text follows the patterns of 'fu (ode)'，'bi (parallelism)'，'xing (association)' and proposes a theory of the Chinese text in terms of the forms and meanings of these patterns.

Key words：Chinese discourse；Fu；Bi；Xing；theoretical model

作者简介

谢韶亮,男,毕业于东华大学(上海),现为渭南师范学院外语系助教。主要研究方向为语篇分析,曾是东华大学学术语篇研究中心成员。已发表"语用预设的概念误读及修正"及"希拉里总统竞选广告的多模态个案分析"论文两篇。邮箱：addresstoliang@163.com。

试析法庭审判话语的互文性

◎ 施 光

海南大学

摘 要 本文分析了法庭审判话语的具体互文性和体裁互文性。对前者的分析发现：1）在"具体确切的消息来源"、"含蓄不露的消息来源"和"似真非真的消息来源"这三种交代消息来源的主要方式当中，只有前两者被法庭审判各主体所采用，第三种未出现在语料中；2）在四种主要的转述形式（"直接转述"、"间接转述"、"自由间接转述"和"言语行为的叙述性转述"）当中，"自由间接转述"在语料中没有出现。需要指出的是消息来源和转述形式的选择是与法庭各主体的目的和利益相一致的。对体裁互文性的分析表明：法庭审判话语，尤其是"举证"这一子体裁，不仅是不同体裁的混合，而且也是不同风格的交融，这一方面是由于司法改革的影响，另一方面也是当代社会公共语篇"会话式非正式化"的一个例证。

关键词 法庭审判话语；互文性；体裁；风格

一、引 言

Foucault 认为"没有一句话语不在以某种方式再现其它话语"（1972：98）。Bakhtin 也指出：所有话语都通过说话者（或作者）的变换而与其它话语区分，它们只有通过过去说话者的话语和未来说话者预期的话语才能找到定位。因此，每个话语都是语言交流链条上的一个环节。所有话语都由其它话语的片段构成："我们的语言……充满他人的词语，这些他人的词语有着它们自己的表达以及评价语气，而这些词语被我们吸收、再加工、再强调。"（Bakhtin，引自 Fairclough，1992：102）Kristeva（1986）把语篇的这一特性称为"互文性"。Fairclough 则把互文性定义为："语篇充满其它语篇的片段的特征。这些其它语篇的片段可能被明显地划分界限或融入该语篇中，可能被该语篇吸收、反驳、嘲讽地回应等。"（1992：84）

互文性的分类有多种。Kristeva 区分了水平（horizontal）互文性和垂直（vertical）互文性。前者指一段话语与一连串其它话语之间的具有对话性的互文关系，后者指构成某一语篇较直接或间接的那种语境,即从历史或当代的角度看以各种方式与之相关的那些语篇。Jenny(1982)把互文性分为强势的(strong)和弱势的(weak),前者指一个语篇中包含明显与其它语篇相关的话语,如引言、抄袭等,后者指语篇中存在语义上能引起对其它语篇联想的东西,如类似的观点、主题思想等。Fairclough(1992)区分了显著(manifest)互文性和构成(constitutive)互文性。与詹妮的强势互文性一样,显著互文性是指一个语篇中标明的与其它语篇的互文关系:"在显著互文性中,其它语篇明显地存在于所分析的语篇中,它们被语篇的表层特征,如引号,明确标示或暗示";构成互文性指一个语篇中各种体裁或语篇类型规范的那种复杂关系,它是"语篇生成中涉及的那些话语规范的组合"(Fairclough,引自辛斌,2000:14)。辛斌教授从读者或分析者的角度把互文性分为"具体的"(specific)和"体裁的"(generic)两种。前者指一个语篇包含可以找到具体来源(即写作主体)的他人的话语;后者指在一个语篇中不同文体、语域或体裁的混合交融,即 Bakhtin 所说的"杂体语言"(heteroglossia),它们涉及的不是单个主体,而是集合主体,如某一社会阶层或群体(见辛斌,2005:127-128)。本文采用辛斌教授的分类对法庭审判话语的互文性进行分析。

二、语料描述

从 2006 年 5 月到 2007 年 1 月,笔者在征得同意的情况下旁听了八场法庭审判并进行了录音,共获得大约二十四小时的录音材料。上述录音材料被转写成书面文字,共获得二十多万字的语料(转写规范见廖美珍,2003:46)。八场法庭审判中,五场在南京市中级人民法院进行;三场在南京市江宁区人民法院进行。此外,八场审判中有四场刑事审判、三场民事审判和一场行政审判。

三、具体互文性

本文主要从两个方面来分析具体互文性:"消息来源"和"转述形式"。

(一)消息来源

消息来源指报道者引述的话语的发出者。交代消息来源的方式主要有三种:1)具体确切的消息来源:报道者有名有姓地交代引语的发出者;2)含蓄不露的消息来源:报道者不直接点明引语的发出者,而只是用一些不具体的词语来间接地加以暗示;3)似真非真的消息来源:报道者或者对消息来源并不清楚,或者觉得不重要或者故意隐瞒,却又要故做姿态,以显示其报道的客观性和准确性,因而使用一些含糊不清的惯用短语来交代引语的来源(辛斌,2000:167-69;辛斌,2005:111-12)。在八场庭审中,只出现前两种交代消息来源的方式,第三种没有出现。下面作具体分析:

第一种"具体确切的消息来源"的使用频率非常高(总计 496 次,占所有消息来源的 77%),尤其是在说话者引用法律条文、政府文件、规章、制度等的时候。如:

例 1 审判长:依照《中华人民共和国行政诉讼法》第 7 条、第 8 条、第 9 条、第 32 条、第 47 条之规定,当事人在法庭上享有下列权利:

(1)当事人在行政诉讼中的法律地位平等;

(2)法庭组成人员有下列情形之一的,当事人可以申请回避:

① 是本案当事人或当事人的近亲属;

② 与本案有利害关系

③ 与本案当事人有其他关系,可能影响对案件公正审理。

(3)经法庭许可,当事人可以向法庭提供或补充证据;

……

例 1 是具体确切的消息来源的一个典型例子。在该例中,审判长正在宣布各方当事人在法庭上享有的权利和应履行的义务。我们知道,当事人的权利和义务是由法律规定的,因此审判长明确指出所宣布内容的具体确切的来源(《中华人民共和国行政诉讼法》第 7 条、第 8 条、第 9 条、第 32 条、第 47 条)以表明其宣布内容的法律依据。需要注意的是:当法官引用法律条文实施程序功能①的时候,往往会完整地引用某一条文及该条文的完整名称,如本例(由于篇幅限制,本例对审判长的原话进行了大幅省略),其目的是为了显示法律的公正和权威。这种交代消息来源的方式(即引用法律条文)也被其他法庭审判主体频繁使用。如:

例 2 公诉人:犯故意伤害罪致人死亡的,依照《刑法》第 234 条规定,应当判处十年以上有期徒刑、无期徒刑或者死刑。被告人申某某犯罪时不满 18 周岁,不适用死刑,依照《刑法》第 17 条规定,应当从轻或者减轻处罚。

在上例中,公诉人正在发表公诉意见,说明根据被告人所犯的罪行应对其如何判刑。当然,判刑的依据是相关的法律。因此,公诉人明确指出判刑的依据是《刑法》的第 17 条和第 234 条,以表明其公诉意见的法律依据。再看下面两个例子:

---

① 实施该功能的话语是"程序性话语",指的是法官执行程序法、履行程序职责时实施的言语行为,这些行为的目的是为程序正义服务的。后文中将提到实体功能,实施该功能的是"实体性话语",指法官参与实体调查时实施的言语行为,这些行为是为"实体"和"实体正义"目的服务的,也即有关案件本身问题的问话或事实调查性问话(廖美珍,2004:83-88)。

例 3 上诉人：我们国家价格法第 3 条第四款讲得很清楚。什么叫政府指导价，就是指"依照价格法的规定，由政府的价格主管部门或其他有关部门按照定价权限和范围规定基本价及其浮动幅度，指导经营者制定价格"。

例 4 被上诉人：依据是 2001 年 3 月 1 号《江苏省物业管理条理》第 38 条：业主未按照物业管理服务合同约定交纳物业管理服务费的，物业管理企业可以催缴，逾期仍不交纳，物业管理企业可按千分之六收缴滞纳金。

例 3 和例 4 也是具体确切消息来源的例子。说话者（例 3 中是上诉人，例 4 中是被上诉人）分别引用法律条文和规章制度来支持他们各自的观点。

从以上几个例子我们可以看出：在引用法律条文、政府文件、规章制度的时候，说话者都倾向于指出具体确切的消息来源。原因如下：具体、确切地引用法律条文、政府文件、规章制度等可表明消息来源是准确的、可靠的、权威的；陈述是有根据的；观点是严谨的。此外，这种方式也可帮助法官显示法律的公正和权威。

在引用他人话语的时候，有些法庭主体也会交代具体确切的消息来源。如：

例 5 上诉人代理：**法官庄某**还专门把张某某与杜某某夫妇留下来，告诉他们说："张某某，你现在可以把你的房子随意处置了。"

例 6 被告：**他**给我讲，"你把这个钱给你姐炒股吧，你打个条子给我，我来出这个钱。"

以上两例中的说话者都在引述他人的话语，他们通过具体确切地指出引语的发出者，甚至通过说出引语发出者的姓名的方式，交代了消息来源（见黑体字）。实际上，法庭审判的所有主体在引述他人话语的时候都倾向于具体确切地指出被引述的人。这一方式有助于说话者显示他/她的陈述的客观性和真实性，因此被广为采用。

第二种交代消息来源的方式是"含蓄不露的消息来源"，共出现了 152 次，占所有消息来源的 23％。在这种方式中，引述者不直接点明引语的发出者，而只是用一些不具体的词语来间接地加以暗示。如：

例 7 原告：但是当法院到银行查账的时候，**银行**说他们账户上的所有的钱都没有了，全部空了，已经转移了。

例 8 上诉人：**我们前期筹备组的工作人员**都这样讲，你没有依据还收费，而且收费都是打白条。

在例 7 中，原告说："银行说他们账户上的所有的钱都没有了"，然而原告并没有告诉我们上面的话是哪家银行以及银行中的哪个人说的。因此，这里的消息来源是含蓄不露的。例 8 的情况也是一样，上诉人说"我们前期筹备组的工作人员都这样讲"，但是前期筹备组的工作人员都是谁？他们说的原话是什么？他们说的话都一样吗？我们都搞不清楚。所以其消息来源也是含蓄不露的。含蓄不露的消息来源这种方式通常是在说话者认为该"消息"不是很重要,或者没有必要明确交代消息的发出者的时候使用。

第三种交代消息来源的方式是"似真非真的消息来源"。这种方式在八场法庭审判中没人使用。原因可能是,如果使用这种方式,会给听者留下这样的印象:说话者要么对消息来源并不清楚,要么故意隐瞒。这当然会影响所说内容的信度。法庭审判的所有主体,尤其是各对立方,都千方百计想证明他们的陈述是有根据的、清楚的、合理的。而这种交代消息来源的方式很明显与各方人员的意图都是矛盾的,因此也就被所有的人"封杀"了。

(二) 转述形式

转述形式有如下四种:1) 直接转述(DR=Direct Reporting):有转述从句、带引号的原话;2) 间接转述(IR=Indirect Reporting):对他人所说、所写的内容的总结,不是原话,不带引号;3) 自由间接转述(FIR=Free Indirect Reporting):界于直接转述和间接转述之间——具有间接转述的典型特征:时态和指示词改变,但没有转述从句;4) 言语行为的叙述性转述(NRSA=Narrative Report of Speech Act):只转述他人话语所实施的言语行为,不转述内容(Fairclough,2003:49,另见辛斌,2000:156-159,辛斌,2005:114-118)。

辛斌认为对不同转述方式的选择意味着转述者可以在不同程度上介入他人的话语。见图1:

转述者介入程度逐渐增加
——————————————————→
DR   FIR   IR   NRSA

图1 四种转述方式对他人话语的介入程度(辛斌,2000:159)

在上图中,箭头所指的方向表示说话者对他人话语介入程度的增加。该图表明,直接转述的介入程度最低,而言语行为的叙述性转述的介入程度最高。在本节中,我们将分析法庭审判中的被转述话语与转述话语之间的动态关系,并且揭示说话者是如何通过被转述话语来表明他们自己的立场的。

我们先来看使用频率最高的直接转述。这种转述方式共出现了385次,占所有转述的54%,如:

例9 审判长:根据《中华人民共和国刑事诉讼法》第154条之规定,当事人在庭审中享有下列权利:**1. 可以申请合议庭组成人员、书记员、公诉人回避;2. 可以提出证据,申请通知新的证人到庭,申请调取新的证据、重新鉴定或者勘验、检查;3. 被告人可以自行辩护……**

例10 被上诉人代理:该申请分房报告写到:"分局组织及各位领导,本人张某某……"

以上两个例子中的黑体字部分都是直接转述：例 9 中的转述来自法律条文,例 10 中的转述来自一份申请报告。这种转述方式使用频率最高,特别是在引用法律条文、政府文件、规章制度以及他人话语的时候。原因在于：这种方式可以表明说话者绝对忠实于原文/话(辛斌,2005：114),而且其陈述客观、真实、有根据。这与前面分析过的具体确切的消息来源出现频率高的原因非常相似。

下面我们来看间接转述。间接转述使用的频率也很高,共计 262 次,占所有转述的 37%。如：

例 11　上诉人：**他男人讲的怎么会借这么多钱的▲**

例 12　被上诉人：**她开始找我要房租,跟我说是她们家房子,要我们走就走。**

以上两个例子中的黑体字部分都不是他人所说的原话,而是对他人所说的原话的总结,因此是间接转述。法庭审判各主体间接转述他人的话语的频率很高,原因如下：法庭审判各主体为了证明自己的观点或主张并驳斥对方的观点或主张,需要引用他人的话语。然而,他们不可能准确记住他人所说的所有话语。在这种情况下,他们就得进行总结和释义。此外,很多情况下,他们没有必要精确地转述他人的原话,因为,在一场审判中,需要被精确地再现的往往就是对案件审理有重大影响的几句最重要的话。需要注意的是：在法庭审判中,间接转述主要用于总结他人的话语或对之进行释义,虽然偶尔也被用于引用法律条文或政府文件。如：

例 13　上诉人：刚才我们也讲了,当时的《南京市物业管理收费办法》规定的普通住宅最多也就是一块钱一平方米。

在上例中,上诉人引用政府文件中的相关规定,但是并没重复规定中的原话,而是对其进行释义。这种转述方式在引用法律条文或政府文件时,效果没有直接转述好。这是因为：如果在引用法律条文和政府文件时引用的不是原文,而是经过转述者理解并加工之后的话语,其真实性、权威性和可信度都将大打折扣。

只转述他人话语所实施的言语行为,而不转述内容的“言语行为的叙述性转述”的使用频率较低,只出现了 67 次,占所有转述的 9%。如：

例 14　被告：死者的妻子问我们要房租。

例 15　上诉人：有个别业主对收两块六有强烈意见。

在例 14 中,被告人转述了死者的妻子所实施的言语行为,即问他要房租(指示性言语行为)。然而,从被告人所说的话中,我们无从知晓死者的妻子向他要房租时所说的原话。例 15 的情况也是如此：上诉人只转述了个别业主所实施的言语行为,即表达强烈意见(表达性言语行为),却没有转述他们的原话。

在八场法庭审判的语料中,没有出现“自由间接转述”。

从以上对消息来源和转述形式的分析,我们可以看出:法庭审判话语充满可以找到具体来源的他人的话语(具体互文性)。在某种意义上,法庭审判话语就是由无数他人的话语排列组合而成。因此,具体互文性是法庭审判话语的基本特征之一。

四、体裁互文性

体裁原本是一个文学术语,但是,在语篇分析中这个词几乎可以用来指任何具有显著特征的文学或非文学的、口头或书面的语类。Fowler (1982) 把一个语篇涉及的不同体裁分为"类"(kind)和"式"(mode)。前者指通常意义上的体裁,可由一组特定的意义和形式特征来定义。式与类有对应关系,但它们只具有对应类的部分特征。式总是用形容词来表示,例如英语中"narration/narrative, poetry/poetic, drama/dramatic"等成对词中,前者表示类,后者表示式。A comic play 几乎相当于 a comedy,但是 comic 这个式也常常用于修饰其它类。Fowler 对类与式的区分表明,整体上属于某一个体裁的语篇可以(而且往往)具有其它体裁的特征(Fowler,引自辛斌,2005:137)。因此,体裁互文性指在一个语篇中不同文体、语域或体裁的混合交融。下面作具体分析:

例 16 审判长:根据《中华人民共和国民事诉讼法》第 45 条的规定,当事人如果认为合议庭组成人员和书记员与案件有利害关系,可能影响案件公正审理的,可以申请回避。

例 17 被上诉人代理:这里有 2005 年 5 月《关于切实稳定住房价格,促进房地产业持续健康发展》中比较明确地规定了普通住宅应具备以下条件:第一,住宅小区建筑面积容积率 1:0;第二,单套面积 60 平方米以下。

在法庭审判中,除了基本体裁(法庭审判话语)以外,法律条文、政府文件是另外两个主要体裁。在例 16 中,审判长引用《中华人民共和国民事诉讼法》的相关条款来说明当事人的相关权利。在例 17 中,被上诉人代理人引用一份政府文件来支持他的观点。

需要指出的是:法官主要在实施程序功能的时候引用法律条文,在实施实体功能的时候则很少引用。其他主体则主要引用法律条文来支持他们的陈述或观点。对于法官,引用法律条文的目的是维持审判秩序、维护法律权威和司法公正;对于所有其他主体,引用法律条文和政府文件可以帮助他们实现支持己方观点,驳斥对方观点的目的。因此法律条文和政府文件这两种体裁在法庭审判话语中占据重要地位是很自然的。

除了法律条文和政府文件以外,许多其他体裁也出现在法庭审判各主体的话语中。下面是一个典型的例子(限于篇幅,我们对原始语料进行了简化,删除了与分析无关、重复的内容）：

例 18 审判长：下面由被告方举证。

被告人：我方的第一条证据为：梁某某工伤认定申请表复印件一份，这份证据证明梁某某受伤时间和程度；

我方的第二条证据为：南京市公安局江宁分局交巡警大队做出的公交（宁江）〔2005〕第 5087 号交通事故认定书复印件一份，证明梁某某出事的经过及应承担的责任；

我方的第三条证据为：梁某某身份证复印件一份，证明梁某某的身份；

我方的第四条证据为：梁某某门诊病历、住院病历、疾病诊断书复印件各一份（共十页），证明梁某某受伤害的程度及治疗经过；

我方的第五条证据为：南京国旅联合旅业管理有限公司发给梁某某的工作牌复印件一份，证明梁某某是其公司的一名木工；

我方的第六条证据为：我局向原告发出的江宁劳社工举字〔2006〕第 0015 号工伤认定举证通知书复印件一份，证明我局要求原告在十日内向我局举证；

我方的第七条证据为：国内特快专递邮件详情单复印件二份，邮政部门提供的南京国旅联合旅业管理有限公司举证、送达签收记录复印件各一份（共三页），证明我局已向原告送达的一个事实情况；

我方的第八条证据为：我局做出的江宁劳社工认字〔2006〕0088 号梁某某职工工伤认定书一份，证明我局给予梁某某受害进行了工伤认定；

我方的第九条证据为：南京市劳动和社会保障局做出的宁劳社复案字〔2006〕15 号行政复议决定书一份，内容是维持了我局做出的行政决定。

在上例中，被告人使用了下面十三种书面材料来支持其观点：梁某某工伤认定申请表复印件一份、交通事故认定书复印件一份、梁某某身份证复印件一份、梁某某门诊病历、住院病历、疾病诊断书复印件各一份、梁某某的工作牌复印件一份、工伤认定举证通知书复印件一份、国内特快专递邮件详情单复印件二份，举证、送达签收记录复印件各一份、梁某某职工工伤认定书一份，行政复议决定书一份。上述十三种书面材料与被告人的陈述是具体互文性的关系，因为它们是有具体来源的具体语篇。然而，本段话语的体裁互文性这一特点显得更加突出。整体上，被告的陈述属于笔者所称的"举证"这一体裁。该体裁又是法庭审判话语的一个子体裁。另一方面，被告所引用的十三种书面材料并不属于同一体裁，它们至少可以被划分为七种不同的体裁：申请、证书、卡片、记录、通知、详情单和决定。因此，上面这段不长的话语融合了八种不同的体裁。然而，这八种不同体裁的融合在听者看来一点也不奇怪。相反，听者会觉得很自然。原因在于：在举证这一体裁中，说话者依法被赋予了使用任何合法、有效（语言或非语言）的材料证明其观点的权利。这一常识为听者建构了一个"阅读位置"①,即：如果说话者认为有必要,可采用任何东西作为证据。因此,任何材料或体裁(如果该材料是语言的)出现在证据中都不足为奇。

此外,所有材料都服务于同一目的：证明说话者的观点。从这个意义上说它们是相关的、连贯的,虽然它们有不同的"消息来源",属于不同的体裁或"类"。如下材料也经常被用来举证：录音带、胶卷、VCD、电脑程序、报纸、书、设计图纸等。上述这些不同种类的材料,加上例 18 中采用的作为证据的七种体裁使得法庭审判话语(尤其是举证这一子体裁)具有了多模态化②的特征(见胡壮麟,2007：1)。从上面的分析我们可以看出,互文性(具体和体裁)是举证的本质特征,没有互文性,举证这一体裁就不可能存在。

体裁互文性也指语篇/话语中不同"式"或风格的交融。法庭审判各主体的话语也会在风格上变换。如：

例 19 T1 审判长：你把本子拿过来给我看一下。10S 第 7 条是吧？

T2 上诉人：对。

T3 审判长：第 7 条第几款呢？

T4 上诉人：第 2 款。

T5 审判长：第 2 款什么地方？

T6 上诉人：就是普通住宅服务收费▲

T7 审判长：▼在哪里？这是文件哎,你这是报纸哎！

T8 上诉人：是文件哎。

T9 审判长：我这个不一样吗？我这个文件跟你的不一样吗？

T10 上诉人：《南京市物业收费管理实施办法》。

T11 审判长：你看呐！

T12 上诉人：哟,这是什么东西啊？

T13 审判长：问你啊？

T14 上诉人：我不晓得,这是印的,这是原件。这上边有哎。我当时都画出来的,老百姓哪能搞到文件呢！

在上面的对话中,上诉人正在通过解释相关政府文件中的一个条款来举证,法官正在

---

① 阅读位置：即阅读角度,只有从这个角度来阅读语篇才显得自然、有了连贯性、可以自圆其说,而读者才可以顺利地理解语篇的结构和意义(辛斌,2005：140)。

② 多模态化：指两个或两个以上的单模态的结合,所有模态都具有表达意义的潜势。非社团成员不能全部懂得这些意义,因为模态和意义具有社会的和文化的特殊性。Holsonova (1999) 指出,我们每天在报纸、杂志、广告、招贴画、故事书、教科书、活页文选、百科全书、说明书、计算机界面,甚至在我们相互交往时都离不开多模态(Holsonova,引自胡壮麟,2007：1 – 10)。

审核该证据。注意两人话语风格的变化：T7、T9、T11 和 T13 中法官的话语以及 T8、T12 和 T14 中上诉人的话语。上述话轮中的话语的风格总体上是非正式的，就像是在聊天。法官所说的"在哪里？"，"这是文件哎"，"你这是报纸哎！"，"你看呐！"和"问你啊？"等都是通常在私人谈话中使用的非正式语句。

T8、T12 和 T14 中上诉人所说的话语情况也差不多。有趣的是，在 T14 中，上诉人说出"我不晓得……老百姓哪能搞到文件呢！"这样的话。我们知道，"晓得"是南京方言中的一个词汇，意思是"知道"。通常该词是在日常会话中使用，很少在正式场合使用。在法庭审判这种非常正式的场合更是如此。如果该词在正式场合被人使用，就会给听者留下这样的印象：说话者没文化，或至少不严肃。而"老百姓哪能搞到文件呢！"是一个感叹句，在此用于表示不满。通常，在法庭审判中使用感叹句，尤其是用之表示不满，是不明智的。因为这样做就表明说话者易情绪化、易怒，这当然会使其所说内容的可信度大打折扣。总之，"晓得"和"老百姓哪能搞到文件呢！"在风格上都是非正式的，是法庭审判这一严肃场合中的"另类"。

既然是"另类"，那为什么法官和上诉人的话语都呈现了这种"有标记的"非正式风格呢？这可能是由公共语篇的"会话式非正式化"（conversationalization）这一趋势所致。所谓会话式非正式化，是指会话体裁向公共领域的扩张，是当代社会民主化趋势的一种实现形式。Levinson 把会话定义为"通常发生在宗教仪式、法庭、教室等机构性情境之外的，有两个或两个以上参与者自由交替说话的谈话"（1983：284）。"不断增强的非正式化的一个主要表现是会话式话语已经并正在从它所属的个人交往的私人领域投射到公共领域。会话正在侵入媒体、各种各样的专业/公共话语、教育等等：这使得上述领域的语篇越来越具有会话特征。"（Fairclough，1992：204－205）法庭审判话语也不例外。廖美珍教授指出在司法改革之后，中国的法庭审判方式兼具当事人主义（抗辩制）和职权主义（究问制）审判制度的特色，但是朝着当事人主义的方向发展（2003：2）。我们知道，与究问制相比，抗辩制更加民主，因为在该制度下当事人在审判中有更多的行动权利，控辩双方的地位基本上是平等的。抗辩制审判话语的一个重要特征就是"会话式非正式化"（conversationalized），相比之下，究问制审判的话语则更加正式。

Fairclough（1992：204）指出通常在较正规的场合权力和地位的不对称最明显，而会话式非正式化则允许有更加民主的互动，参与各方分享更大的控制权，这就削弱了传统机构话语中的不对称（辛斌，2000：252）。因此，在抗辩制审判中，权力和地位的不对称没有究问制审判中的明显。上面例子中法官和上诉人话语中的非正式风格是这一趋势的体现。

结　论

本文分析了法庭审判话语的具体互文性和体裁互文性。对前者的分析发现：1）在"具体确切的消息来源"、"含蓄不露的消息来源"和"似真非真的消息来源"这三种交代消息来源的主要方式当中，只有前两者被法庭审判各主体所采用，第三种未出现在语料中。2）在四种主要的转述形式("直接报道"、"间接报道"、"自由间接报道"和"言语行为的叙述性转述")当中，第三种，即"自由间接报道"，在语料中没有出现。需要指出的是消息来源和转述形式的选择是与法庭各主体的目的和利益相一致的。对体裁互文性的分析表明法庭审判话语，尤其是"举证"这一子体裁，不仅是不同体裁的混合，而且也是不同风格的交融，这一方面是由于司法改革的影响，另一方面也是当代社会公共语篇"会话式非正式化"的一个例证。

参考文献

［1］胡壮麟(2007).社会符号学研究中的多模态化.《语言教学与研究》1：1－10.

［2］廖美珍(2003).《法庭问答及其互动研究》.北京：法律出版社.

［3］廖美珍(2004).国外法律语言研究综述.《当代语言学》1：66－76.

［4］辛斌(2000).语篇互文性的语用分析.《外语研究》3：14－16.

［5］辛斌(2001).体裁互文性与主体位置的语用分析.《外语教学与研究》5：348－52.

［6］辛斌(2002).体裁互文性的社会语用学分析.《外语学刊》2：15－21.

［7］辛斌(2005).《批评语言学：理论与应用》.上海：上海外语教育出版社.

［8］Bakhtin, M. and Holquist,U. ,etal. (1981). *The Dialogic Imagination：Four Essays.* Austin/London：University of Texas Press.

［9］Fairclough，N. (1992). *Discourse and Social Change.* Cambridge：Polity Press.

［10］Fairclough，N. (2003). *Analysing Discourse：Textual Analysis for Social Research.* London：Routledge.

［11］Fowler，A. (1982). *Kinds of Literature：An Introduction to the Theory of Genres and Modes.* Oxford：Clarendon Press.

［12］Foucault，M. (1972). *The Archaeology of Knowledge.* London：Tavistock Publications.

［13］Kristeva，J.（1986）. Word，Dialogue and Novel. In T. Moi（Ed.）. *The Kristeva Reader*，Oxford：Basil Blackwell，pp. 34 - 61.

［14］Levinson，S.（1983）. *Pragmatics*. Cambridge：CUP.

［15］Richards，Jack C，Platt，J & Platt，H.（2000）. *Longman Dictionary of Language Teaching & Applied Linguistics*. Beijing：Foreign Language Teaching and Research Press.

［16］Schegloff，E.（1968）. Sequencing in Conversational Openings. *The American Anthropologist*. 70（6）：1075 - 1095.

［17］Xin Bin（2000）. *Intertextuality from a Critical Perspective*. Suzhou：Suzhou University Press.

Analysis of Intertexuality in Courtroom Discourse

Abstract: Using the audio recording transcripts of eight court trials as data, this paper analyzes the specific and generic intertextuality of Chinese courtroom discourse. In the analysis of the former, it is found that 1) among the three ways of showing news source(specific and exact news source, implicit news source, and seemingly real news source), only the first two are used by the subjects in the court trials, while the third is not found in the data; 2) among the four major modes of speech reporting[Direct Reporting(DR), Indirect Reporting(IR), Free Indirect Reporting(FIR), and Narrative Report of Speech Act(NRSA)], only DR, IR, NRSA appear in the eight cases. It should be pointed out that the choice of ways of showing news source and modes of speech reporting is in accordance with the purposes and interests of the subjects in the courtroom. The analysis of generic intertextuality shows that courtroom discourse, especially the sub-genre of "evidence-producing", is not only the mixture of different genres but also that of different styles, which may be the result of the judicial reform and a manifestation of the trend of "conversationalization" in contemporary China.

Key words: courtroom discourse; intertextuality; genre; style

作者简介

施光,男,博士,海南大学旅游学院副教授,硕导;现在浙江大学外语学院从事博士后研究工作。电子信箱: sgbright@163. com。

汉语课堂教学话语分析

◎ 赵　雪

中国传媒大学

摘　要　本文运用话语分析理论对汉语课堂教学语域进行分析,指出汉语课堂教学语体的特征,认为汉语课堂教学语体既不同于日常口语,也不同于书面语,它是师生以传授或学习汉语言文字学知识为目的,在课堂这个正式场合进行交流而产生的话语。

关键词　汉语课堂教学话语;话语分析;语域;语体

一、引　言

话语分析(Discourse Analysis)是对"自然发生的连贯的口头或书面话语的语言分析"(Stubbs,1983)。它主要研究大于句子或小句的语言单位。

和日常会话、法庭会话、医患会话一样,课堂会话是话语分析领域中的重要课题。话语分析对课堂教学话语的研究主要集中在课堂会话方面。在课堂会话研究中,影响最大的当属英国伯明翰学派的辛克莱尔(J. Sinclair)和库尔特哈德(M. Coulthard),他们(1975)将课堂会话结构描述体系分为课、课段、回合、话步、话目五个阶层。课是最高阶层,话目是最低阶层。课由课段组成,课段由回合组成,回合由话步组成,话步由话目组成。

密切联系语境是话语分析在方法论上最重要的特征。葛里高利(M. Gregory,1978)、韩礼德(M. A. K. Halliday,1964)等语言学家在前人研究的基础上,提出了语域(register)的概念,把情景因素归纳为话语范围[①](field of discourse)、话语基调[②](tenor of discourse)和话语方式[③](mode of discourse)。话语范围指的是语言发生的具体环境,包括话题和参与者所参与的整个活动;话语基调指的是参与者之间的角色关系;话语方式指

---

① 又译为语场等。
② 又译为语旨等。
③ 又译为语式等。

的是语言本身所发挥的作用以及语言交际所采用的渠道或媒介。

本文以话语分析为理论框架,采用观察、对比以及定性分析的研究方法对现代汉语、古代汉语课堂教学话语进行分析。

二、汉语课堂教学的语域

下面我们从情景语境的三要素——话语范围、话语基调和话语方式来分析汉语课堂教学的语域。

(一)汉语课堂教学的话语范围

葛里高利(M. Gregory,1978)等认为话语范围与使用者使用语言的目的有关,包括话题(subject matter)和场地(setting)等情景因素。他们把话语范围分为技术性(technical)和非技术性(non-technical)两种。

汉语课堂教学的话语范围应当是技术性的。汉语课堂教学活动的目的是向学生传授汉语言文字学知识,使学生掌握并运用语言理论来观察、分析各种言语现象。和非技术性的日常随意谈话相比,汉语课堂教学话语中有大量有关汉语言文字学的专业术语,例如在古代汉语课堂教学中,会出现"宾语前置"、"词类活用"、"通假"、"六书"等术语,而在现代汉语课堂教学中,则会出现"语流音变"、"义素"、"语义指向"、"话轮转换"等术语。在非技术性的日常随意谈话中,较为多见的是通用词语和生活化词语,而我们在汉语课堂教学中常用的那些专业术语则很少见到。

技术性的话语范围决定了现代汉语、古代汉语等课程具有较强的专业性和理论性,鲜有引人入胜的故事情节、赏心悦目的精美画面,学生容易感到枯燥、乏味。因此,如何引发学生学习汉语言文字学的兴趣,这是需要我们解决的首要问题。

除了生动的话语、深入浅出的讲授之外,我们还可以利用多媒体等现代教学手段辅助教学。例如当讲到《虢季子白盘铭文》时,我们就会把 CCTV4"国宝档案"中的《虢季子白盘》这期节目放给学生看。当他们看到西周三大重器之一——精美绝伦的虢季子白盘,听到这件国宝传奇般的经历时,学习这篇铭文的兴趣一下子就被激发了起来。再如当我们讲到"甲骨文"时,也会给学生播放有关甲骨文发现以及当年发掘殷墟时的影像资料片。学生们很感兴趣,他们一边看片子,一边口中念念有词。原来,他们是在识读其中的卜辞,看看自己能认识几个甲骨文。

(二)汉语课堂教学的话语基调

汉语课堂教学活动的参与者包括教师和学生,因此,汉语课堂教学的话语基调为师生关系。教师是课堂活动的策划者、组织者,决定着整个教学活动的进程。从话语分析的角度来看,课堂上的师生关系是一种不平等的关系,教师在课堂话语中居于强势地位,而学生则居于弱势地位。

从"话轮转换"(turn-taking)的情况来看,教师掌控着话轮权,他既可以滔滔不绝地讲上一整节课,也可以把话轮权转让给学生,让学生由受话者变为发话者。而在一般情况下,学生要经过教师的允许才可以进入课堂话语中,才可以充当发话者。从"打断"的情况来看,课堂上教师打断的比例远远高于学生,这恰恰印证了卡洛尔等学者的观点,即权力较大的人会较多地中断别人的话[①]。而在日常随意谈话中,参与者的地位是平等的,每个人都拥有话轮权,大家都自觉遵守着话轮转换的规则轮流发话。

强势地位、以讲授为主的传统教学模式,使得我们的教师牢牢地抓住话轮权不放。在我们所转写的 6 节现代汉语语法课的语料中,竟然没有出现过一次话轮转换。也就是说,这 6 节课始终是教师一个人在讲,没有提问,更没有讨论,这样的课堂难免沉闷。其实,学生的参与不仅可以活跃气氛,还可以使他们加深印象。如何把握手中的话轮权,调动起学生参与汉语课堂教学活动的积极性,这是我们需要认真思考的问题。

教师可以根据教学的需要占有或者转让话轮权。当需要讲授汉语言文字学理论时,我们可以选择保持话轮权,自己充当发话者;而当需要学生参与时,我们可以采用点名等方式来转让话轮权,让学生发言。例如当讲到语言是发展变化的,在语音、语法、词汇这三要素中,变化最快的是词汇时,我们就请学生来说一说当下网络中的流行词语。这时的课堂往往很活跃,学生们举出了"雷人"、"山寨"、"打酱油"、"俯卧撑"、"躲猫猫"等网络流行语,并一一说明这些词语的来源;在讲到语音的演变时,我们就请那些会说客家话、闽南话、粤语、吴语等方言的同学来读古诗词。学生们惊讶地发现那些用普通话读起来已经不押韵的古诗词,用这些方言来读竟如此地合辙押韵。这样,学生就能明白"时有古今,地有南北,音有转移,亦势所必至"[②]以及"方言是语言的活化石"的真正含义,懂得现代汉语与古代汉语一脉相承的关系。

(三) 汉语课堂教学的话语方式

葛里高利(M. Gregory,1978)等把话语方式分为书面(written)和口头(spoken)两种。在汉语课堂教学活动中,师生主要以口语进行交流,也就是说,汉语课堂教学的话语方式是以口语为主的。师生在课堂上进行面对面、有即时反馈的直接交流。

---

① D. W·卡洛尔著,缪小春等译:《语言心理学》,华东师大出版社 2007 年版,第 234 页。

② 陈第:《毛诗古音考自序》,转引自洪诚选注:《中国历代语言文字学》,江苏人民出版社 1982 年版,第 202 页。

在课堂上,师生以口语的方式进行面对面的直接交流,无需借助其他媒介。至于演示文稿、板书等不过是辅助教学的手段而已。由于这种面对面的交流可以获得学生的即时反馈,因此教师就能够根据学生的情况,对教学进度和自己的话语进行适当地调整。我们知道,课堂教学是一个动态的过程,教师需要根据学生的反馈随时进行调整,而这正是课堂教学优于电视、网络教学之处。在电视、网络教学中,教师只能通过电视或网络媒介与场外学生进行间接的交流,间接交流是不具备即时反馈的特点的。教师由于无法获得场外学生的即时反馈,因而只能按照事先准备好的讲稿一直讲下去。

如何发挥口语传播、面对面交流的优势,这是我们面临的问题。

在面对面交流的课堂里,我们可以充分利用言语和各种体态语来与学生进行交流。例如讲句法分析时,我们可以边讲边问学生是不是听懂了,请一两位同学在黑板上分析几个句子,看看究竟有没有问题;还可以边讲边观察学生的面部表情及眼神等体态语,如果我们看到的是一脸困惑,那么,我们就需要对自己的话语以及讲授方式进行调整,直至看到学生豁然开朗的表情为止。有统计表明,在面对面的交际中,一半以上的信息是通过非言语手段传递的。体态语研究者 Ray Birdwhistell 认为"交际中通过言语传递的信息少于 35％,而非言语所传达的信息则高达 65％以上"(Judee K. Burgoon & Thomas Saine, 1978)。美国社会心理学家 Alert Mehrabian 甚至认为"大约 93％的信息是由非言语手段传递的"(Judee K. Burgoon & Thomas Saine,1978)。也许,课堂上的体态语并没有占这么大的比例,但是,体态语在课堂上同样具有举足轻重的作用。

三、汉语课堂教学语体

在对汉语课堂教学话语语域分析的基础上,我们对汉语课堂教学语体进行探讨。通过与日常口语体、书面语体进行对比,我们试图揭示出汉语课堂教学语体的特征。

(一) 与日常口语体的不同

日常口语体指的是日常随意谈话语体。汉语课堂教学语体与日常口语体的区别主要表现在以下几个方面:

(1) 话语构成。汉语课堂教学的目的和内容,决定了汉语课堂教学话语由教师独白和课堂会话两部分构成。一般来说,我们的教师会把绝大部分时间用于讲授汉语言文字学理论,而用于课堂讨论的时间并不很多。例如在我们所转写 6 节现代汉语语法课的语料中,竟然全部都是教师独白,没有任何课堂会话。可见,教师独白在汉语课堂教学话语中占了很大比例,课堂会话不过是汉语课堂教学话语中很小的一部分。而在日常随意谈话中,我们很少见到一个人喋喋不休,其他人缄默不语的场面。可以说,日常口语体一般只有对话部分。

在教师独白中,需要交代清楚必要的背景知识。教师独白的话语要条理清楚,逻辑性强。为避免单调,还可以使用多媒体等现代教学手段辅助教学。

(2)场合。无论是古代汉语,还是现代汉语,教学活动大多都发生在课堂上,而课堂无疑是一个正式的场合。因此,汉语课堂教学话语是正式场合中的话语。不仅教师独白是正式场合中的话语,课堂会话亦如是。日常口语是在非正式场合中交谈的话语。场合的正式与否对话语会产生直接的影响。例如,我们看到一些来自方言区的教师和学生在课堂上说普通话或地方普通话,回到家里或宿舍,他们说的却是方言。如《论语》所云"子所雅言,诗、书、执礼,皆雅言也"①,这就是根据场合的正式与否对语码进行转换的结果。

(3)话题。汉语课堂教学话语的中心话题相对固定。教师要根据事先填写的教学进度表来安排每节课的内容,来设计课堂的中心话题以及各个分话题,每个分话题都紧紧围绕着中心话题展开。而在日常口语体中,话题大多不固定,有时甚至根本就没有什么中心话题。两位朋友邂逅,可以信马由缰、漫无边际的闲聊。时而天气,时而物价;时而天南,时而海北。

由此可知,汉语课堂教学话语应该紧紧围绕着中心话题展开,教师要把握住中心话题,这样,才能避免开口千言而离题万里的情况发生。

(4)有备程度。汉语课堂教学话语是经过精心准备的话语。我们在上课前,要反复研究教材,编写讲义,准备演示文稿,设计讲授、讨论的内容。即使是课堂会话,大多也是事先安排好的。而日常口语则是即席话语,其有备程度相对较低,有时甚至可能就是无备的话语。

(5)语言。在汉语教师独白中,汉语言文字学术语使用较多、用词要准确、语义要连贯;发音要清晰、语速要适中、声音要响亮;语序要相对固定、合乎常规;要使用各种语篇衔接手段。尽管课堂会话的现场语境可以补足部分背景信息,消除因词语、句法而引起的部分歧义,但是,课堂会话毕竟不同于日常会话。在日常口语体中,通用词语、生活化词语使用较多,甚至夹杂着方言俗语;同化、异化、脱落等语流音变较为常见;句中有移位、省略、跳脱等现象;语篇衔接手段用得很少。

(二)与书面语体的不同

汉语课堂教学语体与书面语体有很多相似之处,例如场合正式、话题固定、有备等等,但这并不意味着汉语课堂教学语体等同于书面语体,二者还是有区别的。汉语课堂教学语体与书面语体的区别主要表现在以下几个方面:

---

① 《论语·述而篇第七》。

（1）载体。虽然，汉语课堂教学话语并不完全排斥书面形式，我们经常使用演示文稿、板书等方式标明教学中的重点、难点，但是，汉语课堂教学依然是以口语为载体的。这一点在前面的话语方式部分已有过论述。值得注意的是，现代汉语、古代汉语等教科书具有书面语体的特征，应该属于书面语体，它们是为阅读而写的话语，而汉语课堂教学话语则是为听而说的话语。因此，教师在课堂上要用自己的话语深入浅出地讲授汉语言文字学理论，而不能简单地、照本宣科地背教科书、念演示文稿。

（2）有备程度。汉语课堂教学语体和书面语体都是有备的话语，都是经过精心准备的话语。但是，二者在有备程度上却是有差别的。一般来说，书面语体的有备程度要高于汉语课堂教学语体。书面语体要求做到字斟句酌，不仅事先要有精心的准备，成文后还要进行加工、反复推敲。而在汉语课堂教学中，我们的教案只是纲领性的，我们没有必要事先写出准备在课堂上要讲的每一句话。事实上，谁也不可能照着事先写好的讲义上的每一句话来讲课，因为动态的课堂需要教师不断地调整自己的话语。而且，声音转瞬即逝，我们在课堂上是无法对话语进行反复加工的。

（3）语言。汉语课堂教学语体中，虽然有大量的语言文字学术语，但是，也有一些通俗易懂的词语；讲授中，教师还可以使用轻重音、语调、停顿、语速等语音手段；无论是教师独白，还是课堂会话，句子结构都相对简单；使用各种语篇衔接手段。在课堂上，师生还可以使用各种体态语进行交流。而在书面语体中，不仅有术语，还有书面语词和文言词；句子结构成分复杂、完备，修饰成分较多；语篇衔接手段使用较多。

（三）汉语课堂教学语体的特征

以上我们将汉语课堂教学语体和日常口语体、书面语体进行了对比，我们发现，汉语课堂教学语体、日常口语体和书面语体是一个渐变的连续体（continuum）。假如把日常口语体和书面语体作为两端的话，那么，汉语课堂教学语体则处于二者之间：

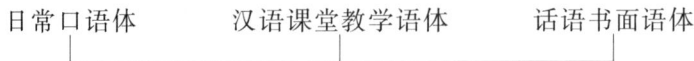

日常口语体　　　　汉语课堂教学语体　　　　话语书面语体

汉语课堂教学语体、日常口语体和书面语体的有备程度也形成了一个连续体（continuum）：

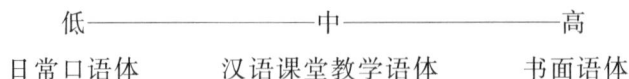

低————————中————————高

日常口语体　　　汉语课堂教学语体　　　书面语体

我们认为汉语课堂教学语体既不同于日常口语体，也不同于书面语体。它是师生以传授或学习汉语言文字学知识为目的，在课堂上进行交流而产生的话语。由此可见，传统的将语体划分为书面语体和口语体的二分法，是很值得商榷的。这是因为在书面语体和口语体之间,还存在着其他语体。汉语课堂教学语体就是这样。

四、本文不足及研究展望

我们来不及采集更多的汉语课堂教学语料,只能以转写的 6 节现代汉语语法课的语料和多年来对汉语课堂教学话语的"直觉"来进行研究。严格地说,这并不是真正意义上的话语分析。话语分析以真实的自然语料作为研究对象,这正是话语分析有别于传统语言学之处。

因为缺乏现代汉语、古代汉语等汉语课堂教学语料库的支持,在研究方法上,我们只能采用观察、对比以及定性研究的方法,凭借对汉语课堂教学话语的"内省"判断来进行研究,无法进行定量分析。这种经验主义的研究缺乏科学性,难免带有主观、片面的色彩。

汉语课堂教学话语是一个崭新的研究领域,是话语分析的一项重要课题。有志于此者,可以从采集现代汉语、古代汉语等汉语课堂教学话语的语料出发,逐步建立起汉语课堂教学的语料库。在此基础之上,运用话语分析的理论进行研究,一定会有所突破的。

五、结 语

首先,我们对现代汉语、古代汉语等汉语课堂教学的语域进行了研究。认为汉语课堂教学的话语范围是技术性的;话语基调为师生关系,教师决定着整个教学活动的进程;话语方式以口语为主,师生在课堂上进行面对面、有即时反馈的直接交流。有鉴于此,我们要利用多媒体等现代教学手段辅助教学、激发学生学习汉语言文字学的兴趣;教师要根据教学需要占有或转让话轮权,让学生有机会参与课堂话语,增加师生互动;在面对面交流的课堂上,教师要充分利用言语和各种体态语来与学生进行交流。

接着,我们对现代汉语、古代汉语等汉语课堂教学语体进行了分析。通过和日常口语体、书面语体进行对比,我们指出汉语课堂教学语体既不同于日常口语体,也不同于书面语体。它是师生以传授或学习汉语言文字学知识为目的,在课堂上进行交流而产生的话语。

搞清楚汉语课堂教学的语域,把握住汉语课堂教学语体的特征,这是我们讲好现代汉语、古代汉语等课程的重要前提和条件。

参考文献

［1］程雨民(2004).《英语语体学》.上海：上海外语教育出版社.

［2］D.W·卡洛尔著,缪小春等译(2007).《语言心理学》.上海：华东师大出版社.

［3］匡小荣(2005).《汉语口语交谈研究》.福州：海风出版社.

［4］姜毓锋(2005).教学开场话语分析——话语结构和主题控制.*US-China Foreign Language*. 3(12).

［5］李悦娥等(2002).《话语分析》.上海：上海外语教育出版社.

［6］刘辰诞(1999).《教学篇章语言学》.上海：上海外语教育出版社.

［7］迈克尔·葛里高利,苏姗·卡洛尔著.徐家祯译(1988).《语言和情境——语言的变体及其社会环境》.北京：语文出版社.

［8］谭晓云(2007).教学对话中提问预设的认知适度.《修辞学习》4.

［9］邵敬敏(2007).《现代汉语通论》.上海：上海教育出版社.

［10］赵永青,王琴(2006).诠释辛克莱的语篇结构观.《外语教学》1.

［11］朱永生(2005).《语境的动态研究》.北京：北京大学出版社.

［12］Schiffrin, D. Tannen, D. & Hamilton, H. E. (2003). *The Handbook of Discourse Analysis* 2001. Edinburgh：Blackwell Publishing Ltd.

［13］Brown, G. & Yule, G. (1983). *Discourse Analysis*. Gambridge：Cambridge University Press.

［14］Burgoon, J. K. & Saine, T. (1978). *The Unspoken Dialogue：An Introduction to Nonverbal Communication*. Boston：Houghton Mifflin Company.

Analyzing the Discourse of Chinese Classroom Teaching

Abstract：Under the guidance of Discourse Analysis theory，this paper analyzes the register of Chinese classroom teaching discourse and reveals the genric features of it. Analysis shows that the genre of Chinese classroom teaching discourse，different from that of daily conversation and written language，is a situated discourse produced in formal classroom settings with the aim to teach or study Chinese philology.

Key words：Chinese Classroom teaching discourse；discourse analysis；register；genre

作者简介

赵雪，女，文学博士，中国传媒大学文学院教授。主要研究领域为现代汉语语体学、媒体语言、语篇分析，著有《电视访谈节目语篇研究》，在《语言文字应用》、《语言建设》、《长江学术》等学术期刊上发表论文 20 余篇。电子信箱：zhaoxue1221@yahoo.com.cn。

流行文化语境下网络符号精英的超链接话语标记

◎ 韩久全　侯彦宾　任红川

河北农业大学

摘　要　网络给媒体人与受众提供了更加广阔的互动空间。然而,这种互动实际上相对弱化了普通参众的声音,强化了网络符号精英的话语内容和标记。这种超链接话语标记有三层含义:1) 超链接是内容与形式的统一,是图形(主题)与背景(语境)的杂糅。2) 话语标记并不指向具体语词,而是指向特别语式,即网络符号精英的话语方式与常规话语方式的不对称性。它通过词汇(创造新词、关键词频闪)、句法(小句灵活运用)、语义(增值、贬值)、修辞(调整称谓方式、反语去情感化)等纯粹语言应用及视觉的(报道频率、版式设计)非常规、非自然表达,即对话语进行适当的陌生化、频度化处理,激发受众的好奇心,诱导他们(多次)点击该链接,窥视下一链条上的饵料。3) 超链接话语标记打造了一条"精英陌生化处理——受众习惯性依赖——二者之间关系亲密——新社会价值及行为方式形成"的因果链条。

关键词　流行文化语境;网络符号精英;超链接;话语标记;新社会价值及行为方式

考察对话者的声音(voice)轨迹离不开语域理论所涉及的语场、语旨、语式三要素。语场决定了其概念选择,即话题确定;语旨依赖于人际选择,它关系到对话者的立场与评价;而语式则是文本选择,即语法结构、衔接手段、信息结构的选择,它直接关系到对话者的话题、动机、立场诸信息的传达效果(Halliday and Hasan,1976)。

基于上述理论,本文拟从技术层面、社会价值层面、网络符号精英的本质、网络符号精英的主体探讨流行文化语境下网络符号精英话语的时代背景;从词汇(创造新词、关键词频闪)、句法(小句灵活运用)、语义(增值、贬值)、修辞(调整称谓方式、反语去情感化)等纯粹语言应用及视觉的(报道频率、版式设计)非常规、非自然表达等方面研究超链接话语标记。

一、精英引领的大众媒体化网络时代

(一) 技术层面

每一个时代都有其盛行的大众媒体和不同的受众群落,二者的关系因时代的不同而有差异。一方面,随着时代的发展受众的参与程度越来越高,传播者与受众之间相互依赖、共同存在、共同发展的趋势越来越清晰;另一方面,传播者的优势地位从未改变——无时不刻不左右着受众思想的萌芽、孕育、发展、壮大。随着因特网的不断完善与发展,当今时代呈现如下特点:

1) 21 世纪是一个媒体"无处不在、无时不有、无所不能"的时代(熊澄宇,2009)。"无处不在"是指通过媒体整合,我们走到哪里都可以获取媒体信息;"无时不有"就是可以通过网络,随时获取在线信息;"无所不能"是说媒体的交互功能给我们提供了各种可能,因为这种交互功能本质上是一种组织能力,一种能够把个体行为变成一种群体行为的能力。

2) 媒体的大众化趋向日益突出。许多传统媒体与时俱进,开始逐渐摒弃传播领域旧有的无限权利,通过扩大受众的选择权、表达权、评价权有计划地跟社会、跟用户、跟服务对象来分享(喻国明,2009)。在这个时代,越来越多的人开始相信:他们是自己世界的创造者。

3) 这个大众化媒体时代符号特征是由网络符号精英领创的。媒体是人的延伸,不仅是感官的延伸而且是中枢神经的延伸。准确地说,一方面,旧有精英中枢神经迅猛延展与扩散,模造与调控大众价值观念、行为方式;另一方面,脱胎于"草根"的新兴"精英"也在竭尽全力使其所倡导的文化名正言顺地成为社会效仿的对象。从这种意义上说,二者殊途同归。

"参与世界不是一种选择,只有知道如何参与才能把握选择的真谛所言。"(Wesch,2009)每一个时代的媒体都在彰显并隐藏着某些理念和手段。McLuhan & McLuhan (1988)从技术主体更替角度(印刷、无线电广播、电视、卫星)论述了媒体效果四元组(tetrad of media effects):

- 媒体强化(前景化)了什么?
- 媒体弱化(背景化)了什么?
- 媒体恢复(前景化)了什么?
- 当发展到极致,媒体又(背景化)成了什么?

这里,我们不妨结合 Mcluhan 的观点,以"网络"置换"媒体",考察一下网络在符号精英掌控下的四元组媒体效果:

网络强化(前景化)了作为大众权威的理念。众说纷纭之际,权威的声音和经验强烈呼唤大众的关注。

网络弱化(背景化)了个体的言说力量。此时,在浩瀚的信息海洋中,绝大多数普通媒体用户话语如沧海之一粟——渺小脆弱、转瞬即逝;甚至来不及面世便胎死腹中。

网络恢复(前景化)了网络符号精英的领导地位——在众多粉丝眼里,精英们好像巫师或酋长那样神秘莫测、魅力无穷。

当发展到极致,网络又回到了"主—仆"信息检索模式,并以背景化的方式进行隐身。此时,更多的草根发帖成名无望之后只能回身求助庞大的搜索引擎——那里充斥了网络大腕建立的各种超链接。网络媒体如一枚硬币,一面负载着草根的渴望,一面担负着提供"可靠信息来源"的重任。

(二)社会价值层面

主流源于多元,但高于多元。主流文化代表着社会的核心价值和前进方向(李幼平,2009)。当今时代纷繁复杂,传统价值急剧萎缩、原始物欲价值步步紧逼。过去十年,中国社会盛行实用主义,盛行以金钱为衡量一切的价值判断体系,它占据了主流社会(贾樟柯,2009)。也就是说,消费主义构建了当今时代的本质特征,金钱不仅仅是目的而且是达到娱乐、"享乐"的阶梯。

在享乐主义的驱使下,很多传统概念被"网络符号精英"堂而皇之地赋予了"新"的内涵,例如"英雄":

人类社会每一个时代都要寻找它的英雄,时代的英雄是什么样的人?过去的英雄,他们都是不可为而为之的人,比如说《山海经》里的人,精卫填海、夸父追日、后羿射日,都是不可为而为之,都是一种你明明知道你的行动是失败的,但是你还是为了大家的利益、为了一种价值、为了信仰去做。但是到当代你会发现英雄变成了厚黑,只要你最后获得金钱上的成功,就变成了英雄(贾樟柯,2009)。

(三)网络时代的"符号精英"本质

"符号精英"(symbolic elites)是上世纪话语分析概念,许多学者(Bourdieu, 1977,1984;Bourdieu & Passeron,1977;Brown, Bybee, Wearden, etal,1987;Van Dijk,1989)对此有深入的研究。这些精英包括记者、作家、艺术家、导演、学者在内的以"符号资本"(symbolic capital)对他人施加影响的人群。他们对符号资本的控制并不局限于话语本身(articulation per se),而且还包括话语的影响方式(mode of influence):他们会根据自己或被代言人的好恶确定大众议题、左右话题相关性(topical relevance)、调控信息数量及种类(特别是公众已熟知的)、决定参与者的资格与身份。从这种意义上而言,符号精英是大众知识、信仰、态度、行为准则、价值观、道德观和意识形态的生产者。因此,他们的符号权仍然是一种意识形态权力(ideological power)。也就是说,除了政治精英、军事精英、经济精英外,符号精英在当今社会担负着领创时代主流文化符号的重任,直接或间接地进行社会权利的再生产和再分配(Brown,Bybee, Wearden, & Murdock,1987:45-54)。

本文中的网络符号精英是指所有能够以"网络符号资本"(internet symbolic capital)引领网内外舆论潮流,改造或试图改造人们的世界观、价值观、道德观,进而塑造、规约他人行为方式,直至改变社会发展进程的媒体人部落。它既包括职业记者、编辑、作家、艺术家、导演、学者,又包括非职业而拥有自己固定官方网址(站)的博主、没有固定网址(站)的"职业"发帖者、隐形或显形的网络推手。

与传统的"符号精英"相比,网络符号精英具有如下特点:1) 规模壮观:不管是业余的还专业的,幕后的还是台前的、不具名的或是署名的、老板型的还是打工型的,其数量之大难以数计;2) 草根的精英化速成性十分明显:众多高手靠"不同凡响"的帖子、博客、视频、音频一夜蹿红;3) 前一点决定了他们的组成复杂:由于是否受到良好的教育并不是他们能否成为精英的决定性因素,所以其成员身份鱼龙混杂,从而不可避免地形成了另一特点;4) 自我约束意识、道德水准参差不齐。

但无论如何,上述区别并不意味着"网络符号精英"与传统意义的"符号精英"有着本质的差异。一方面,网络符号精英的舆论统治地位、统治欲望随着网络的存在和众多草根的追捧或唾弃而日益加强;另一方面,从草根文化到精英文化是一个从多元升华为主流的过程。精英们倡导的很多理念早已不再默默无闻;相反,它们成为一种时尚文化现象,规约、指导着受众价值观和行为方式的形成。

(四) 作为"网络符号精英"主体之一的"80 后"

当这种"主流"价值不能成为"主流"(官方)媒体的"主"旋律,闷骚的另类大众网络媒体悄然而生,并如藤蔓般四处伸延,不断加强着自己的影响与控制力。当网络遇到"80后",流行文化语境发生了翻天覆地的变化。他/她们往往留守着上一代的人的传统观念,也涵盖着更多的新潮思维。正是这种承前启后的风格,"80 后"正影响着社会的方方面面(艾辉,吴飒,2007)。

下面,本文以浓缩着时代主流价值观的娱乐报道为例,简要介绍一下这一代网络符号精英的时代特征。

貌似渺小的"80 后",其实威力无比:

谁在决定中国娱乐圈?明星?不,明星需要被报道。决定当下中国娱乐圈的,是各大娱乐媒体的娱记(编),在每天海量的娱乐新闻和发布会中,他们选取自己认为最好玩最有价值的,写成文字,摆上版面,这就是你看到的娱乐圈。明白了没有?你看到的娱乐圈,只不过是娱记(编)的工作版面。如此,谁在选择,成为呈现娱乐圈面貌的最关键环节(艾辉,吴飒,2007)。

他/她们"很讨厌标准":

比如,凭什么郭德纲就不能上春晚?凭什么范冰冰就要上封面?凭什么小 S、蔡康永就不能主持大陆节目?凭什么专访时不准问一切有关绯闻乃至丑闻的问题?凭什么我们要吹捧大片却不能服从内心的喜好?凭什么我们又要对大牌明星说足好话,却不允许半点批评?(同上)

他/她们"很中意草根":

比如,欢迎周星驰、欢迎芙蓉姐姐、欢迎超女、欢迎快男,甚至欢迎黄健翔、杨二等等这些可能同时被我们喜欢又被我们抛弃的人物,他们存在的意义证明"意义"还可以有别的理解。娱乐的本质,就应该是有趣的,是一种对八卦追根究底的好奇心,是一种对装X分子的无情攻击,更是对一种固有一切不合理规范的否定。(同上)

他/她们实践着或鼓吹着:

语言网络化、道德标准放宽、易感(很容易对某些人事,产生极端感情)、性豁达(典型符号:阿朵、木子美、潜规则)、恶搞(典型符号:芙蓉姐姐、《武林外传》、许纯美)、八卦(典型符号:周杰伦、王菲、谢霆锋、张柏芝)、解构经典(典型符号:《大话西游》、《东成西就》、《悟空传》、《四大天王》、《买凶拍人》)。

"娱记这个职业,倘若不能解决环保问题,恐怖分子问题,房价高涨问题,那么我们至少要解决一个问题:让你知道这个世界有一些人很有趣,有一些事很有趣。"(艾辉,吴飒,2007)

于是,制造偶像,就是制造市场、制造金钱、制造享乐。这是流行文化语境下网络符号精英们的职业,更是他们的生活。

为了金钱、为了享乐、为了从边缘跨向主中心、从另类蝶化为主流进而引领流行文化发展,网络符号精英们在话语运作方面竭尽全力而图之。

二、超链接话语标记

话语标记 在探讨网络符号精英的话语标记之前,需要澄清本文所说的话语标记(discoursive markedness)与学者们所讨论的纯粹语言学意义的"话语标记(语)"(discoursive marker)之间的差别。

目前,一些学者认为话语标记语是指那些起到起承转合作用的语词,如:我想说的是、我警告你、了、吧、啊、呀、呢、哦等。Maschler(1998:14)认为,话语标记分为四大类:1)人际关系标记;2)指称关系标记;3)结构关系标记;4)认知制约标记。许家金(2005)按照 Maschler 的方法也选定四类标记:1)回馈标记(如"嗯"及其衍生形式);2)应答标记(如"好"及其衍生形式);3)指示标记(如"这"、"那"及其衍生形式);4)连接标记(如"然后"、"那么"及其衍生形式)。

本文所探讨的话语标记并不指向具体语词,而是指向特别语式(mode),即网络符号精英的语用和常规语用的不一致的话语属性。网络符号精英超链接话语标记有两层含义:1) 超链接是内容与形式的统一、是图形(主题)与背景(语境)的杂糅;2) 话语标记是指网络符号精英的话语方式与常规话语方式的不对称性。它通过词汇(改造旧词、创造新词、关键词频闪)、句法(小句灵活运用)、语义(增值、贬值)、修辞(调整称谓方式、反语去情感化)等纯粹语言应用及视觉(报道频率、版式设计)、听觉方面[①]的泛话语非常规、非自然表达,对话语进行适当的陌生化(defamiliarization)、频度化(frequentialization)处理,从而激发受众的强烈好奇心,诱导他们(多次)点击该链接,窥视下一链条上的饵料。这是一个受众接纳信息习惯化(habitualization)、媒体人与受众之间的关系亲密化(familiarization)、最终导致新的社会价值及行为方式规约化(conventionalization)的过程。

超链接——网络时代的标记　McLuhan(1964:182 – 184)"媒体即信息"的论点,强调媒体的本质力量并不存在于它所报道的内容而是存在与它所展现信息的形式,不同的形式会直接影响到受众的参与度。"热媒体"(hot media)只关注单向度高清(high definition)视觉或听觉冲击,强调单一的感官满足(enhance one single sense),因之缺少足够的诱导信息(considerable stimulus),受众无需努力填补媒体所留下来的空白;与之相反,"冷媒体"(cool media)却刻意与受众保持一定距离(detached),它所提供视觉、听觉信息不是充盈高清的,而是有些缺损模糊的(low definition),因而给观众留下想象、参与、创作、共同发现作品的价值的空间。

如果说传统媒体给我们提供了延时的、平面的、单向的连接,因而属于"热媒体";那么,网络媒体赋予我们的却是即时的、立体的、双向的超链接,因而属于"冷媒体",甚至是"超冷媒体"。Rangan(2009)指出,网络时代的媒体本质即超链接。它既是形式与内容的统一(hyperlinking as form-content mixing),又是图形、背景、声音的杂糅(hyperlinking as blending of figure, ground and voice);而后者又与 McLuhan 媒体效果四元组的理论相呼应:一方面,说话者或代言人和受众的言行前景化,一如舞台上的演员娴熟地调动观众参与的积极性和介入度;另一方面,被代言人的真正意图被背景化。成功的超链接是一种新的语法——一种将形式与内容完美结合的语法(grammar)。点击这样的链接就像玩一场场"打开神秘包裹"游戏("open the secret package" game),层层都有惊喜。

总之,网络符号精英的超链接话语标记分为三种形式:前景化、背景化、二者杂糅。前景化与背景化相互依赖,不可截然分开。实际上,任何话语都是二者的结合,只不过有

---

①　由于论文形式所限,此部分略。

时前景化迹象明显一些,有时背景化迹象突出一些,有时则平分秋色、不分伯仲。下面将从泛话语和纯语言两个角度来具体讨论网络符号精英的超链接话语标记。

(一) 泛话语角度

1. 意识形态

意识形态方面的超链接话语标记多表现出观念的前景化。在链条的这一端,网络符号精英们靠挑战传统观念、鼓吹人类本能、放大原始欲望、公开各种真真假假的隐私、大胆裸露、说脏话牟诟,撩拨受众驿动的心弦;在链条的那一端,受众被卷裹在互联网的漩涡里鱼贯而行:为了名利没有什么条条框框不能放弃,明天出名太晚,要的就是现在。

上述性质的例证在当代网络中无处不有。以网易(2009/10/11)首页"女人频道"为例:

> [震惊] 推开房门一看 男友和闺蜜正在亲热
>
> [提醒] 如今男人比花儿还娇气 千万别打击他们
>
> [困惑] 男友恳求我和他同居 我要答应吗?
>
> [大片]《ELLE》意大利版 性感男模全裸出镜
>
> ……
>
> [论坛] 冤! 我努力养家,婆婆还说我是坏女人

2. 版式设计

版式是"编辑"(泛指)十分重视的一个方面。它包括整体外形勾勒(审美的)、整体内容骨架组建(求真的),因此涉及文字与图形两个方面。从本质上说,版式即图像,版式设计是人类原始图像认知的回归,是抽象逻辑的对象化。真正成功的版式设计是文字与图形的完美结合:图形文字化,可以传达文字所不能传达的信息;文字图形化,多个(种)文字的"图形式"组合,可以明示或暗示出单个图形、单一文字所不能显示的内容;二者之间的相互转换、交融是传递信息的最高境界。下面仅以网易(2009/9/27)"女人频道"版式设计为例(详见附录)说明"总编"对版式设计精神实质的追求。

微观设计 在该版女人频道设计中,编辑并未按传统方式进行"条清缕析"的分类,而是进行了另类局部反逻辑安排——她/他们把总概念与分概念安排在同一层次上。具体表现在:1)一级标题"女人"和二级标题概念"女人·时尚、女人·情感、女人·亲子"中的"女人"重叠;二级标题"女人·时尚"与三级标题"时尚"重叠;二级标题"女人·情感"与三级标题"情感"重叠、与"论坛"部分交叉。2)明星照片、明星话语、明星用品、明星影响这一模块单独列出,独立于"时尚"框架之外。

上述做法明显是反常规逻辑的。然而,它们却符合格式塔"图形——背景"原则。在

这里,"女人"、"情感"、"时尚"的频闪及与其他成分的交叉换位的过程,就是各种角色不断被图形化和背景化的过程,就是巧妙俘获受众的过程。

这种有意违反日常逻辑思维的做法,本文称之为前景式反逻辑话语标记。

宏观设计　如果再比较一下各个板块/频道底端"标题"超链接的形式和内容,你会发现"总编"似乎在向读者暗示着什么。(括号里是本文作者注释,以楷体标出)

［热点:华仔婚后脱发真相］进入新闻中心(作者加粗,下同;"进入"第一次出现,无"频道");

［热点:江映蓉夺冠前狂减］更多娱乐新闻(无"进入",无箭头,无"频道")

玩梦幻,夺球衣赢万元大奖　更多体育新闻(无"进入"无箭头,无"频道")

［关注:3只重组金股名单］进入财经频道("进入"第二次出现,"频道"第一次出现)

更多科技新闻＞＞(空白,无"进入",无"频道")

更多汽车资讯＞＞(空白,无"进入",无"频道")

男人心中的性感女神曝光　进女人频道("进入"被改为"进")

这种以"模糊"方式展现所要传达信息的做法,明显违反了 Grice 的信息充分原则——这是一种更大范围内的常规语言突破。这样做的好处是:话语操控者可以在关键时刻将相关责任转嫁给受众。用某些精英的话来说就是,不是他们"误表",而是受众"误读"。

本文将这种标记语用称之为浸润式背景化话语标记。

3. 报道频率

这类策略强调的是对报道客体在适当的场合、不同媒体渠道进行一定频率的曝光,从而以润物细无声的方式将"图形、背景与声音"杂糅在一起。

我们可以从快女曾轶可现象洞察这类超链接的本质,"读"出某些网络精英的声音——脱颖而出的非轶可莫属!(请注意这里不是"获得快女冠军")从 2009 年 5 月 13 日曾报名参加快乐女声海选,到 6 月 12 日入围 60 强、6 月 18 日入围 20 强、7 月 3 日晋级全国 10 强,最后直到 7 月 31 日获得快乐女声第 9 名,几乎每时每刻都会有适时的文字、图片、音频、视频以迷人的超链接形式吸引公众的注意力。历经多次舆论造势之后,曾轶可的快女闪光形象令包括快女冠军在内的所有选手只能望其项背。在这里,光鲜亮丽"形象"的前景化将某些网络符号精英的声音完全隐藏(背景化)了。

(二) 纯语言叙述方式

在纯语言叙述方式中,明言式前景化话语标记较多出现在新词、流行词的大量创造和使用以及情态动词、否定副词、否定性名词频繁使用两个方面。通过这种方式告诉大众什么好、什么坏,该干什么、不该干什么。而浸润式背景化话语标记多表现在句式的精雕细琢、称谓的应时调整、反语去情感化三个方面。

1. 词汇手段

通过改造旧词(词义的贬值、增值)、创造新词、调整使用频率增强语用效果。

词义贬值 我们已步入一个"美女"不美、"帅哥"不帅的时代。一个最常见的夸张例子就是"史上最……"。此类语用本质上属于词义的缩水、贬值。如:史上最 hi 烤肉老板、史上最牛广播体操、史上最暴力的塑料瓶盖、史上最牛调查问卷、史上嘴上最没毛的足球领队、史上最惨钓鱼者、史上最牛强悍的爱情、史上最可怜小学生、史上素质最高的骂街、史上最火热性爱、史上最危险的饮料、史上最穿越爱情、史上最牛小超人、史上最牛的蛋、史上最黑臭豆腐,等等。

词义增值 这类超链接就是精英们高度重视的名人附加效应——原本表示普通行为或属性的语词因与执行者——名人——相傍而语用价值骤增,其超链接效应也随之扩大。如赵本山住院/下床/想吃饺子、张曼玉戴墨镜巴黎玩酷(网易 娱乐,2009/10/5)等。有时候,为借名人之光不惜打造不伦不类的虚假链接,即,第一链条与第二链条之间没有常规的应答式联系,有时读者在第二链条中竟只能读到第一链条中某些字词。如:点击"阅兵车车牌京 V-02009 代表什么?"(网易 汽车,2009/10/5)后看到的是来自《广州日报》(2009/10/5)的一篇新闻报道"胡锦涛国庆检阅车全车身防弹 车牌京 V-02009",里面没有半句说明"V-02009"的具体内涵。

创造新名词 1)修饰语+名词(以"xx 女"构成为例):三不女(年龄大于 25 岁,宣称在感情上"不善良"、"不等待"、"不言败",在生活上"不逛街"、"不盲目"、"不攀比"的大龄女性)、三高女(高收入,高学历,高素质,却嫁不出去的女子)、孔雀女(在父母溺爱之下成长,生活安逸,多少对生活和爱情有些浪漫的、理想主义的憧憬)、败犬女(日本的流行语,指 30 岁以上,高收入、高学历、事业成功,但无感情归宿的女性)、阿尔法女(源于美国,指不受传统的性别角色约束,比男孩子更出色、更有能力的女孩子)、没女(没长相、没身材、没青春、没学历、没财富、没家世的女人)、晒女(热衷用文字和照片将私人生活放在网上曝光的女性)、槑女(反应极慢,超傻的女人)、杠杆女(能够"旺夫益子"的女人)、草莓女(表面光鲜,但抗压性低、抗挫折性低的"80 后"女生)、轻熟女(25 至 35 岁的精英未婚女子,内心成熟,谈吐优雅,能克制欲望,辨清人生方向,处世得当,享受流行又不盲从流行),等等。(林天苗,2009)

2)间或使用拼音字母组合或外文。如:bb(宝贝,情人,孩子,byebye)、MM、lj(垃圾)、LM(辣妹)、lr(烂人);out、in、high、cu(see you)等。

频繁使用情态动词、否定副词、否定性名词:女人必学、喝酸奶必知、恋爱中不宜说三个词、不要和陌生人说话、不要和陌生人跳舞、小朋友不要和我学、化妆十大禁忌、宝宝空腹忌吃的六种食物、宝宝三大坏习惯必须及早纠正、宝宝睡眠十不宜、剧烈运动后的六禁忌等。

3）高频使用时尚语词。在相对较小的篇幅内应用大量流行语汇,比如:附录1中的"女人频道"栏目下只有单位词 54 个,其中网络时髦词汇竟达 22 个:顶级超模、"共处一室"、香奈儿、奋斗、单身女、哦、啊、明星、姐、风情、骚扰、瘦、自制、晒晒、MM、性感、女神、曝光、梨花带雨、制造、资本、娇俏等。

2. 句法

句法的应用直接关系到话语信息的传达效果:1）陈述、疑问、祈使、感叹均负载不同的语效信息,其中,陈述语效相对较弱。2）因为小句与小句之间存在着主次/并行关系,存在着对比、因果、递进或并列关系,主位/述位、尾部焦点/首部焦点变位灵活,所以其所负载的语效信息更加丰富。因此,小句的恰当应用能更有效地传达言说者的思想。例如,与诸多普通的、甚至有些冗长刻板的第三人称陈述式链接相比较,附录中"女人频道"的标题小句处理使主题突出而不突兀、鲜活而不沉闷。

〔时尚〕和她们在一起 大明星也相形见绌(对比)

〔超模〕2 位顶级超模"共处一室" 竞争是重点(递进)

〔明星〕笑容娇俏女明星 因为有资本有底气(因果)

〔潮流〕姐骑得不是车 是甜美是优雅是风情(对比、递进)

〔情感〕我被姐夫性骚扰了 姐姐反而责怪我(转折)

〔论坛〕吃鸡蛋＋黄瓜 我一星期瘦 10 斤没反弹哦(因果)

〔论坛〕自制手工艺品:晒晒我绣的万里长城(递进)

〔论坛〕我是只守候千年的狐 等一个男人来爱(因果)

〔论坛〕10.1 苗族 MM 请我去她家喝茶 去的报名(祈使)

〔论坛〕家人逼婚我该怎么办? 我才 23 岁啊(对比,疑问＋感叹)

3. 修辞

称谓修辞 称谓是对话者对对方身份的确认,体现了相互之间的差势、平等、疏密、正式和随意等诸种角色关系。在语言变量中,话语角色关系对修辞主体选择称谓方式影响最大,它决定了选择称谓时的言语规范;同时,言语动机制约着修辞主体对称谓修辞行为的建构与调适。修辞主体可根据语境为言语动机穿上形态各异的称谓外衣。在修辞过程中,称谓的选择、调整或错位是根据交际需要,在诸多的语境因素变量中为言语动机找到一种恰当的公分母,使言语动机的外衣更容易被称谓对象所接受(秦旭,2001)。

下面我们将对附录中"女人频道"的称谓方式进行简要分析:

(1) 显性称谓

二个"她们":"她们梨花带雨是为了啥";"和她们在一起 大明星也相形见绌"。

三个"她":"她影响中国：2003 郭丽珠";"她影响中国：2002 林志玲";"10.1 苗族 MM 请我去她家喝茶 去的报名"。

七个"我":"我被姐夫性骚扰了 姐姐反而责怪我";"吃鸡蛋＋黄瓜 我一星期瘦10斤没反弹哦";"自制手工艺品：晒晒我绣的万里长城";"我是只守候千年的狐等一个男人来爱";"10.1 苗族 MM 请我去她家喝茶去的报名";"家人逼婚我该怎么办？我才23岁啊"。

(2) 隐性称谓

他/她:"单身女在广州 为香奈儿奋斗";"10 大风尚女性荣誉盛典";"男人心中的性感女神曝光";"2位顶级超模'共处一室'竞争是重点";"笑容娇俏女明星 因为有资本有底气"。

我们:"家乡菜第三期大奖揭晓"。

我:"单身女在广州为香奈儿奋斗";"姐骑得不是车 是甜美是优雅是风情"。

不难发现,出于拉近与读者的距离等目的,"女人频道"中的讲述者调整了称谓策略,除在描述明星时用"他/她"拉大与受众的距离以突出其神秘色彩外,大部分以第一人称谈东论西。这样原本存在于精英与受众之间的差势角色关系似乎成了平等角色关系;正式角色关系好像变成了随意角色关系;疏远角色关系也貌似变成了亲密角色关系。

实际上,凭借他们的语用技巧,这些精英们成功地塑造了隐性"大我"称谓(小我＋她们＋他们),即引领时尚的当代女性理念：个性张扬、性感十足、感情饥渴、充满困惑、小鸟依人、欲说还羞、嗲声嗲气、极具诱惑。

(3) 准反语

传统反语属于倒反修辞中的一种,即使用与本意相反的语词来表达本意,意在嘲弄、讽刺。本意如果是褒奖,就用贬低的词语;本意如果是贬低,就用褒奖的词语,使感情色彩更加突显。然而,在符号精英的超链接中,这类词语与说话者真正的感情色彩没有必然联系。说话者的目的既不在褒奖也不在贬低,而是利用人们的窥视心理,提高链接点击率。

如：他和他/她的那些事、发生在车里的那些龌龊事、×××无耻的一幕、×××竟如此不雅等超链。在这里,语义上含混、伦理上忌讳的概括性语词那些事、龌龊事、无耻、不雅等极大地激发了受众的窥私欲、(准)名人的"暴露癖",因而打造了一条话语——伦理——心理因果链条。

三、余 言

从技巧角度上看,修辞是一种话语构建方式;从诗学意义上说,修辞是文本的构建方式;从哲学侧面上谈,修辞参与人的精神构建(谭学纯,朱玲,2001)。网络精英们的超链话语标记并不单单是一种纯粹话语修辞,而是流行文化精神的创造与弄潮。作为一股强大的新生力量:他/她们能迅速捧红一个人、一类人;也能够在顷刻间妖魔一件事、一类事(石菲,徐立洋,徐健淞,2007);他/她们打造了/着影响广泛的新理念、新偶像、新文化,因而留下了/或即将留下抹不掉的历史烙印。其对中国当代社会构建之影响的广度和深度,目前令人难以估测。

参考文献

［1］艾辉,吴飒(2007)."80后"掌握娱乐话语权没有比有趣更可贵的.《南都周刊》156.

［2］贾樟柯(2009).得有清晰价值观.

http://news.ifeng.com/special/2020/a/200912/1228_9039_1490352_1.shtml.

［3］李幼平(2009).因为"聚",所以"巨".《中国传媒科技》4.

［4］林天苗(2009).林天苗作品《徽章》具体名词及内容.

www.douban.com/group/topic/7908279/.

［5］秦旭(2001).称谓言语行为的修辞学价值取向.《南京理工大学学报(社会科学版)》6.

［6］石菲,徐立洋,徐健淞(2007).网络推手.《中国计算机用户》33.

［7］谭学纯,朱玲(2001).《广义修辞学》.合肥:安徽教育出版社.

［8］熊澄宇(2009).虚拟和现实是切不断的.《中国传媒科技》4.

［9］喻国明(2009).选择权·表达权·评价权.《中国传媒科技》4.

［10］许家金(2005).青少年汉语口语中话语标记的话语功能研究.北京外国语大学博士论文.

［11］Bourdieu, P. (1977). *Outline of A Theory of Practice*. Cambridge: Cambridge University Press.

［12］Bourdieu, P. (1984). *Home Academicus*. Paris: Minuit.

［13］Bourdieu, P., & Passeron, J. C. (1977). *Reproduction in Education, Society and Culture*. Beverly Hills, CA: Sage.

［14］Brown, J. D., Bybee, C. R. & Weardon, S. T., etal. (1987). Invisible Power: Newspaper News Sources and the Limits of Diversity. *Journalism Quarterly* 64: 45-54.

［15］Halliday, M. A. K. and R. Hasan (1976). *Cohesion in English*. London: Longman.

[16] Marchand, P. (1989). *Marshall McLuhan: The Medium and the Messenger*. Random House.

[17] McLuhan, M. & McLuhan, E. (1988). *Laws of Media: The New Science*. Toronto: University of Toronto Press, pp. 182 – 184.

[18] Rangan, V. P. (2009). The Rhetoric of the Hyperlink. http: //www. ribbonfarm. com/2009/07/01/the-rhetoric-of-the-hyperlink/.

[19] Van Dijk, T. A. (1989). Structures of Discourse and Structures of Power. In J. A. Anderson (Ed.). *Communication Yearbook* 12. Newbury Park, CA: Sage,pp. 18 – 59.

[20] Maschler, Y. (1998). On the Transition from Code-switching to A Mixed Code. In P. Auer (ed.). *Code-Switching in Conversation*. London: Routledge.

[21] Wesch, M. (2009). From Knowledgable to Knowledge-able: Learning in New Media Environments. http: //www. academiccommons. org/commons/essay/ knowledgable-knowledge-able.

Internet Symbolic Elites' Hyperlink Discursive
Markedness within the Context of Popular Culture

Abstract：The internet provides a larger space for the interaction between symbolic elites and the masses，which relatively weakens the voices of the masses and strengthens the elites' discourses with hyperlink discursive markedness. This markedness has three connotations：1) The hyperlink is a unity of content and form，mixture of figure（theme）and background（context）. 2) The discursive markedness does not refer to specific markers as some linguistists argues but to the particular mode，namely，the asymmetry between symbolic elites' discursive practice and the conventional discursive application. The unconventional and unnatural means，such as vocabularization（coining new words，frequent flash of key words），syntactic modifications（supple usage of clauses），semantic alterations（depreciation and appreciation）and rhetorical design（adapting appellations，emotional decoloring in enantiosis ），and aural-visual treatments，stirs up the mass' curiosity to click the links and snatch all that inside. 3) This discursive markedness creates a chain of causation：defamiliarization of elites' discourse—habitualization of the mass—familiarization of the relationship between elites and mass—conventionalization of new social values and behavioral modes.

Key words：context of popular culture；Internet symbolic elites；hyperlink；discursive markedness；new social values and behavioral modes

作者简介

韩久全，男，河北唐山人，河北农业大学英语系副教授，硕士，主要从事话语与文化研究。电子邮箱：jiuquanhan85@163.com。

侯彦宾，女，河北保定人，河北农业大学英语系教授，硕士，主要从事跨文化交际研究。电子邮箱：hybauh@sohu.com。

任红川，女，河北石家庄人，河北农业大学英语系讲师，硕士，主要从事当代美国文学研究。电子邮箱：renhongchuan1981@yahoo.com.cn。

西方修辞学发展叙事的"跨文化语境重构"
——解读刘亚猛教授的《西方修辞学史》

◎ 黄小苹

浙江师范大学

继《追求象征的力量——关于西方修辞思想的思考》之后,刘亚猛教授在他所著的《西方修辞学史》中对西方修辞再次做出了引人注目的"跨文化语境重构"(2008:17)。根据后现代主义的历史认识论,这种"跨文化语境重构"不仅仅是一种解释西方修辞发展的形式,它还具有特定的表达意义和内容。因此,我们不禁要在研读完大作之后发出追问:刘亚猛教授的"跨文化语境重构"是在什么样的修辞形势下进行的?作者采用了什么话语策略来实现他的"跨文化语境重构"?这些话语策略的使用本身表达了什么样的跨文化交流意义?以上所述的"跨文化语境重构"对中国学术话语文化研究来说有什么意义?对以上问题的讨论兴趣既源自于我对刘亚猛教授学术研究背景的敏感性:跻身于西方修辞学家之列、对中西修辞学传统的差异了然于胸(姚小平,2005:73);也出于自己对当代中国话语研究中问题意识的关切。

一、"跨文化语境重构"的修辞形势反思

在绪论部分,刘亚猛教授为读者提供了解读他的西方修辞学历史叙事基本结构的"必要的观念和解读框架"(2008:3)。而从他对这些必要观念和解读框架的讨论中,我们可以厘清他为"跨文化语境重构"这一修辞发明所做的修辞形势反思。

(一)"跨文化语境重构"的必要性和可能性

刘亚猛教授为他的西方修辞学历史叙事结构提供的第一解读维度是自己关于"西方修辞学"内涵与外延的设定,期间涉及的一个必要观念是"言说实践":修辞,作为一种社会实践的言说,在很大程度上是由人类群体独特的社会和文化形态决定的。在他看来,我们一旦意识到修辞的这一本质特征,就有可能和必要观察、反思、表述或抽象社会条件、文化价值和话语形态等关键外在因素对修辞发展的限定和制约,并得到关于修辞与人类文明关系的理性认识。

"跨文化语境重构"必要性和可能性的另一个立足点在于西方修辞历史叙事结构的第二解读维度——历史叙事的本质特征及其关涉的一个历史写作观念,即"历史叙事"。在后现代主义文化运动的影响下,历史哲学出现了"语言学的转向",人们日益重视历史是如何表述问题的(董立河,2008:43)。历史叙事是历史书写者把历史现实细节用一种故事化的文本体现出来的一种重要言说方式,而其书写者的价值立场和判断对该过程发挥着一种不可避免的制约作用。有学者指出,历史书写者在历史叙事过程中所体现出来的社会关怀和正义感强度是"史德"的体现,也是人们鉴别其历史著作价值的主要标准之一(胡伟希,2008:42);历史叙事的力量在于其在特定的历史文化环境中赋予历史事件以特定的文化意义(侯春慧,2008:172)。刘亚猛教授对历史叙事的认同和沿用(2008:14)等于从历史文本生产的学科正当性角度提出了"跨文化语境重构"的重要性和必要性。

"跨文化语境重构"必要性和可能性的最后一个立足点在于刘亚猛教授提供的第三个解读维度——西方修辞学史的跨语言和跨文化书写以及该维度所涉及的一个重要观念,即"语境"。刘亚猛教授认为:"以一个中国学者的身份为中国教育、学术界的读者撰写一部西方修辞史"(2008:15),意味着目标受众、写作动机和解读框架都与西方类似出版物大不相同。再者,当代历史条件决定了西方还长期充当我们藉以反观自己文化和智力传统的"他者"。在此认识的基础上,他提出了以自己的社会和文化关切(即促使我国在新的历史条件下反思和发展自己的修辞传统)为出发点对西方修辞学传统进行梳理。我们不难理解,对于刘亚猛教授来说,语境指的是决定历史书写者言说秩序的"文化语境"。在叙述历史现实之前,历史书写者首先要重新解读决定源文本中历史事件言说秩序及其特定文化意义的西方文化语境,然后反思自己历史书写的当下中国文化语境,最终创立自己的历史事件言说新秩序以赋予历史事件新的文化意义。以上的过程就是一个历史现实的"跨文化语境重构"过程。

(二)"跨文化语境重构"的挑战性

关于"跨文化语境重构"挑战性的修辞形势反思同样也体现在刘亚猛教授的三个解读维度和必要观念中。如果说修辞的言说实践性质定位表明了它与人类自身及其生存的密切关联,与人类的基本社会实践以及实践理性之间存在着难分难解的关系,因而我们无法将它彻底客体化(刘亚猛,2008:4),那么,修辞发展的内在因素和社会条件、文化价值和话语形态等外在因素所起的相关作用是否就可能有不容易区分之处?虽然历史叙事的力量,即在特定的历史文化环境中赋予历史事件以特定的文化意义已经在"科学态度"和"修辞态度"的论战中开始风靡历史学界,并得到著者的认可,但是,历史创作的"现实原则",即"讲述那个获得相关外在证据支持并最有可能是真实的故事"依然是史家和著者的书写指导原则。那么,遵循"现实性"原则和实现历史叙事的力量之间是否会有冲突? 如果有,历史书写者将以什么方式处理这些冲突? 最后,西方修辞发展历史的跨文化书写所涉及到的文化语境并非可以简单地进行两分法:西方文化语境与我们自己的文化语境。即使在西方的某一个国家,学者们所持的政治意识形态立场和智力价值取向都完全有可能是对立的或异质的,因而他们对历史事件的言说秩序有可能也是相互冲突的。那么,我们解读决定源文本中历史事件言说秩序及其特定文化意义的西方文化语境必定也会存在着不少困难。

二、"跨文化语境重构"话语策略及其跨文化交流意义的解读

刘亚猛教授在绪论中明确表示,历史叙事的"跨文化语境重构"是实现自己"修史"任务的必经之路(2008:7)。具备如此的"跨文化语境重构"意识并做出如此明确表述的著者尚为少见,因此,就其所采用的话语策略而言,我们不仅可以从它们的语言实现手段上进行观察,更值得我们从跨文化交流的视角做出解读。

(一) 西方叙事异质化

正如著者所述,《西方修辞学史》旨在"为我国在新的历史条件下反思、重构、更新和发展自己源远流长、博大精深的修辞传统提供必要的参照"(2008:17)。而这种参照需要建立在对西方修辞学批判与借鉴的基础上。然而,为数不少的研究者在借鉴西方修辞学理论范式时忽略了其内部的不同立场和倾向(陈浩,2000:133),即西方修辞学叙事的异质性,导致了借鉴学习的片面性和和对"西化"批判的肤浅性。作为一个在西方修辞学界浸淫了将近二十年的学者,刘亚猛教授深谙这种异质性意识之于深化修辞学的跨文化对比的重要性。

很显然,为了凸显其异质性意识,刘亚猛教授采用了西方叙事异质化话语策略,其中的一个明显体现是二、三级标题中的对比式语言以及与表示质疑西方主流叙事的态度标记语。例如,在第一章中,我们可以见到的此类标题有:"是史实,还是'起源神话'?"、"西方修辞,'东方'起源?"、"'三大源流'说站不住脚"。第四章:"修辞是否称得上'科学'或'艺术'"、"情感和道理"、"修辞与教条"、"修辞对'义'与'利'的追求"。第八章:"雄辩与说服"、"'对话雄辩'与'演说雄辩'的分歧"、"修辞研究的'没落'还是自我韬晦"。第十章:"'跨学科'本质属性与'学科身份'的冲突"、"'科学主义'和'喜剧主义'——对待象征符号的两种基本态度"、"用'认同'修辞取代'劝说'修辞"等等。由于小标题具有统摄相应小节的内容、对读者的阅读理解起到一个引导作用,加上著者在绪论中构建的本书解读框架,著者可以藉此自上而下地引导着读者关注西方修辞学传统中的共时或历时异质性。

通过呈现西方修辞学发展的大致走势——作为一种活生生的学术和思想传统,西方修辞学处于不断的变迁和断裂之中,形成了一个开放的、可塑性极强的系统。刘亚猛教授的西方叙事异质化为中西修辞的跨文化交流提出了两个值得思考的问题:中西修辞对比突破他者与自我的机械两分法的基点在哪里?除了对正统或主流的修辞观念进行类型学比较之外,我们是否还应该关注这些观念在自身所处的历史语境中所反映出来的精神焦虑和智力价值取向冲突?

(二)人文传统层次化

"提高我国学术界和一般读者对西方智力传统尤其是人文传统的认识"是刘亚猛教授此次著书的三大"兴趣和目的"之一(2008:360)。对于著者来说,西方修辞学是学科知识探究的对象,是西方人存身于世的合法性论证和现实介入力量,也西方人运思向度之遮蔽与解蔽的资源。本书的人文传统话语层次化地体现了以上的西方修辞学研究定位,主要从西方修辞发展的社会文化背景、西方修辞的社会实践功能、西方修辞的智力传统三个层次呈现出修辞作为一种社会实践的言说而与社会文化发生的关系。

本书的人文传统层次化话语策略主要体现在叙事内容的组织安排上。如,在第一章的"从言说实践到言说艺术:西方修辞研究的滥觞"一节中,西方修辞发展的主要社会文化背景是公元前5世纪下半叶的古希腊城邦公共事务处理模式对言说实践发展所起的推动作用、古希腊宗教观念对言说研究的束缚以及普罗塔格拉的名言——"人是一切事物的尺度"所代表的西方人文精神的第一次滥觞为言说研究带来的思想解放;西方修辞的社会实践功能主要反映在言说能力在当时希腊社会的组织和运行中发挥的关键作用及其在社会意识中享有的崇高地位;西方修辞的认识论色彩可见于普罗塔格拉提出的一条建立在不确定性基础上的修辞基本原则,即"针对一切事物都存在着两种相反[又都讲得通]的说法"。又如,在第四章的"西塞罗的修辞思想"一节中,西塞罗所处的社会文化背景是罗马从共和制向帝制蜕变的转折期,他对修辞所期许的社会实践功能是促进文明的进程,维护社会公共利益甚至是国家的安全。在人类的智力追求秩序中,西塞罗把融雄辩和智慧于一体、因而是至高无上的美德的修辞推上了顶端。

刘亚猛教授的人文传统层次化话语策略大致与西方人文主义的三个思想倾向相一致。西方人文主义,从哲学上看,对主体世界的关注超过了对客体世界的关注;从历史上看,始终强调人在历史发展上的主体地位;从教育上看,实现对人性的拓展,追求人的更全面的发展,进一步确证人的主体地位以及人的精神力量。而刘亚猛教授的人文传统层次化话语不断地向读者辩证地叙述着那些强烈影响着修辞学家自信心态和修辞思想运作空间的外部历史文化变迁,修辞在西方文明的曲折进程中所发挥的独特功能,以及修辞批评与教育在价值观念和社会交往规范等方面的有关议题。针对学科特色和西方人文主义发展的主流趋势来确定人文话语策略对我国的跨文化交流来说无疑是一种值得大力提倡的明智之举。

(三)学术对话人格化

尽管"历史是修辞"的观念已经蔚然成风,历史书写者依然尽量"真实"地再现过去(刘亚猛,2008:13)。也就是说,他们依然尽量"隐身"或非人格化:避免使用第一人称单数,用第二人称进行"公正和客观"的叙述或评论等。然而,历史学家还遵守着"最大限度冲击规则",使自己讲述故事的效果对特定的受众来说达到最大化。面对唯西方主流观点马首是瞻的中国西学通弊,作为一名决意为深化汉语修辞自我认识而跨文化重构西方修辞发展史的知名学者,刘亚猛教授追求"独立的学术人格",在尊重学术讨论和写作规范的前提下,与西方权威表述进行批判性的对话,同时与中国学界同行切磋自己对西方修辞观念的理解与表达,实现了人格化的学术对话,即有风格地提出自己的见解。

刘亚猛教授对于自己意欲挑战的学术观点往往先以尊重的口吻指出其存在的合理性,然后明确地提出其中的疑点并与其它的说法相互参照后呈现自己的看法。此类的学术对话有助于著者建立起既了解和尊重前人的研究成果,又不乏自己的见解的修辞人格(如,著者对胥亚帕关于 rhetorike 一词的首次使用标志着修辞学科发源一说的质疑、对昆提利安的道义修辞观的质疑、对小修辞提倡者关于修辞传统的理解的质疑等)。另外,读者还会发现著者与西方历史学家的看法保持着合理距离的谨慎之态:对西方修辞史学家不当一回事的关于普罗塔哥拉的一则记载进行了相对详细的叙述与评论、为被主流修辞学家认定为"外在于古希腊修辞理论话语的敌对意识形态"的柏拉图修辞观从其历史语境的角度进行了一定的辩护、对不少西方学者不以为然的《罗马修辞手册》的佚名作者所声称的创新表示了自己的肯定等。尤其值得注意的是他对铭刻着不平等文化关系或意识形态偏见的西方自我表述的拒绝。在第六章,著者谈到中世纪西方修辞再次发扬了其传统的以变应变的特点时,他明确指出:"……表明其强劲生命力的根源并非像某些思想浅薄或别有意图的修辞史学家宣称的那样,是某一特定政治体制或文化形态……"(2008:165)。在与西方修辞学界进行批判性对话的同时,著者与中国的学界同仁也保持着一种沟通性对话,对于那些可能引起理解困难或误解的西学概念及其中文译文,著者或是附上外文原词,或是颇为费神地附上脚注,一如既往地追求义理转述的信与达,"让专业的读者感到踏实和方便"(姚小平,2005:74)。

目前,国内社会科学界普遍存在着思维和文化失语倾向,中国学者开始认识到这种倾向给中华学术的主体性和创新性带来的问题,并对在全球化语境下如何处理东西学术和文化关系这一问题进行了思考(施旭,2008:134)。在这种形势下,刘亚猛教授能够有意识地反思自己的学术人格独立性(参见绪论与后记),并在学术对话中实践着自己的学术人格意识,这不仅体现了一个修辞学家的专业素养,更体现出中国学者克服思维和文化失语症的自信和努力。

三、"跨文化语境重构"对中国学术话语的文化研究意义

刘亚猛教授的"跨文化语境重构"对中国学术话语的文化研究意义可以在西学研究的背景下展开讨论。"西学"概念是一个历史的产物,它从最初的"在西方产生并传播到中国的学说"演化为中国现代文化语境中的"中国人研究的西方学问"(赵敦华,2007:36),西学研究的关注焦点也逐渐从内容扩展到那些决定中国学者对西方学问进行取舍、加工和改造等的社会认知因素和文化机制,西学研究的范式有效性讨论也成了学者推进中国学术现代化和国际化努力中的一个部分。

(一)"跨文化语境重构":中国学术话语的主体性体现

用中文写作和表达西方学问研究是中国学术中的一个有机组成部分(赵敦华,2007:36),为我们考察当今中国学术话语主体意识提供了特殊的语料。刘亚猛教授在绪论中进行的反思(2008:2)具有案例研究的价值,它引发的思考有:

◇ 就中国学术话语主体性而言,有着良好的中学和西学背景的中国学者群体提出了些什么问题?

◇ 他们所提出的问题有着什么样的谱系关系?

(二)"跨文化语境重构":西方学术话语的文化预设解蔽

本文第一部分和第二部分的分析和讨论表明,刘亚猛教授的"跨文化语境重构"是以西方学术话语的文化预设解蔽为宗旨、有着明确的主体意识、期待视野和主导框架的解释学行为,而这种解释学行为的范式解析是我们探寻中国学者应对中国学术话语现实危机的社会文化和认知机制的途径之一。由此引出的话题有:

◇ 有着良好的中学和西学背景的中国学者群体如何认识自身解蔽行为的合法性(如:西方学术话语的文化局限性)?

◇ 他们在解蔽文化预设过程中如何看待他者(如:他者的异质性)以及他者与自我之间的关系?

◇ 他们的文化预设解蔽所借助的资源是什么(如:西方学术话语的异质性?逻辑推理?现实性依据等等)?他们所解蔽的文化预设与中国学术界的现实危机之间存在着什

么样的关系？

(三)"跨文化语境重构"与最大限度冲击

"跨文化语境重构"者的主体性意识和期待视野决定了他们对"最大限度冲击原则"的遵从。刘亚猛教授明确地承认了该原则对他跨文化书写西方修辞学发展的指导性,而且也在后记中述及了他为遵从这一原则所做的种种努力,但是,他非常清楚,自己的努力虽然已经经过理性的思考和设计,对读者造成的现实冲击却有待于读者的评判。我们就此提出的研究问题有:

◇ 读者对"跨文化语境重构"的关注点在什么地方,如:重构者的主体意识？ 重构行为的合法性？ 重构的话语策略？

◇ "跨文化语境重构"对有关的中学学科建设是否造成了一定的影响？ 如果是,这些影响与构建者所期待的有何异同？

为了考察以上的问题,我们需要特别关注读者评判的平台,即书评、文献引用或其他的学术交流形式。

四、结　语

"跨文化语境重构"在西学中并不少见,然而,对重构行为所体现的文化自觉性和理论标准进行论述、并以此为基础反省自己观察问题的角度、解释模式、表达方式等的"跨文化重构"可谓是中国学术话语中值得研究的现象。它在破解西学中"西方中心论"倾向问题上所表现出的关切、做出的努力和取得的进展反映了当代中国的主体意识、精神风貌、国际关系处理准则以及所处的历史发展阶段,因而应该成为当代中国话语研究的重要课题之一。

参考文献

[1] 陈浩(2000).论西方修辞理论中的认识论观念——兼论中国现代修辞学建设中的某些失误.《浙江社会科学》4.

[2] 董立河(2008).后现代语境中的历史客观性问题.《求是学刊》3.

[3] 侯春慧(2008).文本·时间·阐释——新历史主义叙事阐释理论研究.《求索》11.

[4] 胡伟希(2008).历史的叙事、评判与信念——兼论"一切历史都是思想史"何以可能.《河南社会科学》1.

〔5〕刘亚猛(2008).《西方修辞学史》.北京：外语教学与研究出版社.

〔6〕施旭(2008).话语分析的文化转向：试论建立当代中国话语研究范式的动因、目标和策略.《浙江大学学报》(人文社会科学版)1.

〔7〕姚小平(2005).追求修辞的力量.《外语教学与研究》1.

〔8〕赵敦华(2007).关于"西学"的几个理论问题.《外国哲学》6.

作者简介

黄小苹,浙江师范大学外语学院副教授,硕士生导师。研究方向：话语分析,语用学和外语教学。代表性论文有：《学术论文中模糊限制语的语篇语用分析》(《四川外语学院学报》,2002年第4期)、《课堂话语微观分析：理论,方法与实践》(《外语研究》,2006年第5期)。电子邮箱：196713hxp@163.com。

线性叙事在当代
——阅读《重估线性叙事的价值：以小说与影视剧为例》

◎ 罗　勤

四川师范大学

引　言

在当代这样一个追求标新立异、特立独行的年代，重提"线性叙事"这个自古希腊便开始讨论的古老话题，并敢于肯定线性叙事的重大价值，确实需要一定的学术魄力。而我所看到的杨世真先生的新著《重估线性叙事的价值：以小说与影视剧为例》不但具备了这样的魄力，还以广博的知识面和深厚的学术功底，横跨小说、电影和电视三种媒材，打通中西两大领域，对 20 世纪西方诗学中线性叙事与反线性叙事之争这一重大现象进行了全面深入的探讨，对线性叙事在小说创作和批评中衰落而在影视剧中长盛不衰的原因做了细致的分析。可以说，该书在理论界开辟了从微观视角将小说与影视进行跨文本比较研究的先河，重新挖掘出在文学领域与影视剧领域被遮蔽的线性叙事价值，在创作实践上为迷茫彷徨的创作者打出了一道鲜明的旗帜。

可是如果我一味地大唱赞歌，各位方家必定疑心我是杨先生的"托儿"，此篇书评不看也罢，定是毫无新意、好话连篇，所以，真诚是我的态度，若指出杨先生的不当之处，杨先生权当瑕不掩瑜或一笑而过。

挑战霸权话语——以米勒为靶子

J·希利斯·米勒何许人也？文学理论界公认的 20 世纪解构主义大师，然而，杨先生还就是拿他及他的大作《解读叙事》当靶子了，且集中论述于第一章，为的是给线性叙事正名：

"线性叙事"在文学批评中渐渐成为了一个贬义词，给人一种过时的、业已被淘汰的印象——这就是"线性叙事"在 20 世纪的遭遇。在当今许多文论中，在对许多作家作品的解读中，"线性叙事"往往不再被作为一个中性词语来表述；而一个作家，只要其作品打破了"线性叙事"的手法，就更可能获得额外的赞赏。在不知不觉中，这已经成为评判一部作品艺术水准的重要标准之一。这真是一个巨大的偏见！①

这个偏见还要从反驳线性叙事影响最大的米勒说起，他的《解读叙事》序言里就开宗明义地写道："本书可视为长篇评论，旨在探讨亚里士多德在阐述故事开端、中部、结尾时所出现的问题。"②亚里士多德最早对"悲剧"下定义："悲剧是对于一个严肃、完整、有一定长度的行动的摹仿"③，并且认为在悲剧艺术的六个成分中，"最重要的是情节，即事件的安排"④。亚里士多德这个朴素而深刻的见解，延续了西方艺术史两千多年，可是，怎么到了20世纪末期，在米勒眼里，这番话却成为问题了呢？杨先生机智地效仿米勒的句子："本书也可视为长篇评论，旨在探讨米勒在评价亚里士多德的情节问题时所带来的问题以及围绕叙事线条意象所引发的思考。"⑤杨先生的思考是很中肯的，他首先仍然肯定了米勒所创造的"叙事线条"这一生动意象，在这个线条上所伸发出来的非理性的、怪异与狂乱的因素，使得"叙事线条"更具话语延展的灵活性和拓展空间。但是，杨先生同时也清醒地看到米勒的"叙事线条"理论存在的难以克服的矛盾，其一是忽略了文本的疆界，将叙事的假定性与历史逻辑混淆在一起，是对米勒否定亚里士多德开头、结尾、中部的结论的再次否定；其二是弯曲的线条仍是线条，这段批驳可谓以子之矛攻子之盾，无论米勒发掘了多少诸如双重性、多重性、椭圆、断裂、弯曲等等属性来论证开头—中部—结尾之有序存在的不可能性，但这些所谓的"弯曲"和"断裂"依然只是在一个有头有尾的直线中间来"弯曲"和"断裂"；其三，米勒忽略了不同叙事文本的材质差异，把文学叙事学当作一种普世的叙事学，超越文本类型的界限，去给亚里士多德戴一顶冤枉的帽子。

在给"线性叙事"正名的过程中，我们可以看到杨世真先生坚定的学术立场、清醒的学术判断和缜密的逻辑思维，阅读其间，像是置身一场激烈的论辩，对霸权话语不畏惧地挑战，有理有据、层层递进地得出自己的结论：线性叙事乃是一种经典的叙事方式，在叙事时注重故事的完整性、时间的连贯性、情节的因果性，在这种叙事观念的背后包含着对世界的秩序感与确定性的信念和诉求。

---

① 杨世真：《重估线性叙事的价值：以小说与电视剧为例》，浙江大学出版社2007年版，第14页。

② （美）J·希利斯·米勒：《解读叙事》，申丹译，北京大学出版社2002年版，序第1页。

③ （古希腊）亚里斯多德：《诗学》，罗念生译，人民文学出版社2002年版，第16页。

④ （古希腊）亚里斯多德：《诗学》，前引书，第18页。

⑤ 杨世真：《重估线性叙事的价值：以小说与电视剧为例》，前引书，第16页。

从"听"到"看"——"叙事"V. S."奇观"

杨先生在其著作《重估线性叙事的价值》后记里写到做学术的三大要点:"1. 做研究、写论文一定要有 debate;2. 一定要充分占有资料,了解前人的研究成果,然后再问自己还能做什么;3. 一定要有现实关怀。"① 对于刚刚结束博士论文写作的我来说,这三点心有戚戚焉。既然要 debate,我也不妨就该书第二章第二节里从"听"到"看"这部分内容与杨先生商榷商榷。

杨先生从历时性和共时性两个方面,谈了听觉文本到视觉文本的历时性更迭和听觉文本视觉化的共时性渗透,从其论述中,我们看到,"整个现代叙事文本的大厦正是建立在一个个视觉形象的砖块上的"②,不可否认,我们已经逐渐进入了一种影像与形象占据主导地位的新的文化形态,图像的力量正在崛起,我们被各种各样的图像所包围,甚至已经成为我们日常生活的一部分。杨先生和我都共同关注到了视觉文化转向这一现象,所不同的是,杨先生对视觉文化持鄙夷和贬损的态度,视觉文化在他的笔下似乎成了横行社会的"恶魔",因而不乏这样的语句:"今日的视觉文化已不再局限于影像领域,其平面性、即时性、消费性的品格业已渗透到社会心理的深层积淀中去";"影像文本的风行造成了观众欣赏趣味的浅俗化,反过来影响了语言文字的质地";"它(指文学——笔者注)在被视觉化的同时,也被彻底平面化了"。③ 难道视觉文化的品格就是平面性、即时性、消费性吗? 难道观众欣赏趣味的浅俗化是因为影像文本的风行吗? 难道语言文字质地不良也要归罪于视觉文化吗? 难道文学被视觉化之后,其后果只能是彻底被平面化吗? 杨先生在该书的绪论里说:"在理论活动中我们其实常常默认一个前提:当我们谈论一种艺术形式的共性的时候,我们往往不自觉地是以这门艺术中的最高水准的作品为标准来谈论的"④,那么,此刻呢,杨先生是否"自觉"地以艺术作品中的"最低水准"来判断了"文学在被视觉化的同时,也被彻底平面化了","影像画面在组合展现的同时,也瓦解了原作的深层结构,使作品由立体变为平面"。⑤ 照此推论,所有的文学作品都不要改编成影视作品了,因为一改编、一视觉化,面临的结局只好是"由立体变平面",那又如何解释那些买下小说版权,前仆后继对小说进行改编的导演们的行为呢? 既然文字被视觉化呈现的结果如此糟糕,难道所

---

① 杨世真:《重估线性叙事的价值:以小说与电视剧为例》,前引书,第 220 页。
② 同上,第 90 页。
③ 同上,第 89—92 页。
④ 同上,第 7 页。
⑤ 同上,第 16 页。

有的导演都疯了不成，搬起石头砸自己的脚？其实，公允地说，小说是语言文字的力量，影视是图像画面的力量，两种不同的媒介各有各的优势和特点，带给我们的是不同的精神享受和情感体验。小说被改编成电影后，也不乏优秀之作，不仅没有"由立体变平面"，反而是增加了小说的厚度，变得更加立体，影片《法国中尉的女人》便是绝佳的例子。导演卡雷尔·赖兹在原著维多利亚时代一名女子的感情纠葛这条线索之外，大胆地加入了现代人的情感，以"戏中戏"的模式双向展开故事，交叉对比的结构使得电影比小说更具丰富的内涵和发人深思。

当然，我这里并不是要把电影和小说两种媒介非要分个孰高孰低，前面我也说过了，小说是语言文字的力量，影视是图像画面的力量，两种不同的媒介，它们各有各的优势和特点，带给我们的是不同的精神享受和情感体验，所以，我不能苟同杨先生所说的："文学作为语言的艺术，本来具有历时性接受的特征，它在被视觉化的同时，也被彻底平面化了"[1]，文学在被视觉化的时候，平面化不是其唯一的结局，它完全有可能与视觉文化并驾齐驱，各放异彩。

再者，杨先生接着说道："我们并不认为文学的浅俗化是影像文化本身带来的"[2]，他找到了另一个根据，即"对视觉价值的崇拜在某种意义上正是人在商品利益的驱动下，对媒介视觉功能的利用和受众浅层生理欲望的迎合的产物"[3]。关于这一说法，我也不能赞同。对视觉价值的崇拜，古已有之，早在人类原始社会时期就经历了图腾崇拜的阶段，可以说是视觉文化最早的范式；后在"语言学的转向"过程中，语言和文字逐渐占据了中心霸权地位；再到当前的高度视觉化时代，图像的呈现与观看成为主导和趋势，图像的力量正在崛起，"世界似乎正在形成一个视觉的整体"[4]。从早期的视觉文化到读写文化，再到新一轮的建立在高科技基础上的视觉文化转向，人们对视觉的追求从来就没有停止过脚步，从回溯中我们可以看到，对视觉价值的崇拜可以归根于从古至今就植根于人类心理层面的一种审美需求和审美趣味，它也是符合现代人的审美心理的。单就归因于商品利益的驱动，亦或是迎合受众浅层生理欲望，我想，这依然值得商榷。

---

① 杨世真：《重估线性叙事的价值：以小说与电视剧为例》，前引书，第 92 页。

② 同上，第 92 页。

③ 同上，第 92 页。

④ Marita Sturken and Lisa Cartwright. *Practices of Looking*. Oxford：Oxford University Press，2003. p. 1.

从理论到实践——"野心"实现了没有?

任何一种理论如果仅仅停留在纸上谈兵,对实践不起指导作用,那么它就是没有现实价值的。杨先生自然意识到这一点,他"'重估线性叙事的价值'这样的话题本来就是受到现实的触动而引发的,研究这一命题的最终目的和意义也是为了能够有益于实践。至于最终有没有达到目标、在多大程度上实现了这个'野心',只能有待于方家评判了"。[①]

作为一个读者,我有幸读到这本书,从而对线性叙事式微的缘起、原因以及演变轨迹有了清晰的认识,也可喜地看到线性叙事的回归,一是在中国当代小说创作中的回归;二是影视剧中一直以线性叙事为主,但是却处于被遮蔽的状态,现在逐步得以重新发现。正如杨先生所说:"经典之所以是经典,就在于它能够经受住历史的考验而历久弥新。"[②]通过小说、电影、电视剧为例,杨先生为线性叙事"平反",一方面,从理论上"去蔽",恢复线性叙事的合法性;另一方面,从创作上"回归",努力掌握经典叙事的基本手法,树立为大众创作的理想。可以说,在确立线性叙事价值和为其"正名"的工作上,杨先生论证严密,逻辑性强,将理论推演、文本阐释与实践诉求三方面和谐地结合起来,认真区分了线性叙事、非线性叙事和反线性叙事之间的区别与界线,尤其把反线性叙事思潮对我国小说和影视剧创作造成的负面影响作了详尽的分析,给剧作实践指明了方向。

《重估线性叙事的价值:以小说与电视剧为例》既具备国际性的学术视野,抓住了 20 世纪叙事理论和创作中线性叙事与反线性叙事之争的重大问题,又具有强烈的现实关怀,落到中国小说与影视剧创作的实践上。至于杨先生所说,他的"野心"实现没有,我的看法只乃一家之言,还有待各位方家您的评判!

作者简介

罗勤(1979—),女,汉,四川师范大学新闻与传播学院,博士,讲师。本论文属于校科学研究基金资助项目,项目编号为 09MSW04。邮箱:luoqin79@126.com。

[①] 杨世真:《重估线性叙事的价值:以小说与电视剧为例》,前引书,第 12 页。
[②] 杨世真:《重估线性叙事的价值:以小说与电视剧为例》,前引书,第 204 页。

图书在版编目(CIP)数据

当代中国话语研究. 第 3 辑/施旭主编. —杭州：浙江大
学出版社,2010.6
ISBN 978 - 7 - 308 - 07674 - 6

Ⅰ.①当… Ⅱ.①施… Ⅲ.①汉语－话语语言学－研
究 Ⅳ.①H1

中国版本图书馆 CIP 数据核字(2010)第 112211 号

当代中国话语研究·第 3 辑

施　旭　主编

责任编辑	宋旭华
装帧设计	项梦怡
出版发行	浙江大学出版社
	（杭州市天目山路 148 号　邮政编码 310007)
	（网址：http://www.zjupress.com)
排　　版	杭州大漠照排印刷有限公司
印　　刷	德清县第二印刷厂
开　　本	787mm×1092mm　1/16
印　　张	7.25
字　　数	150 千字
版 印 次	2010 年 6 月第 1 版　2010 年 6 月第 1 次印刷
书　　号	ISBN 978 - 7 - 308 - 07674 - 6
定　　价	20.00 元

浙江大学出版社发行部邮购电话(0571)88925591